土地正義

從土地改革到土地徵收，
一段被掩蓋、一再上演的歷史

上篇　**土地改革的真相，你不知道的黑歷史**

讀《土地正義》有感

許雪姬（中央研究院臺灣史研究所研究員）

一、再讀〈懷念張森文大哥〉

再讀一次徐世榮教授〈懷念張森文大哥〉一文，仍然掉下眼淚。第一次讀時，才知道大埔案原來這麼慘，也才能理解陳為廷為什麼要向官賊丟鞋子。但這一次我由書中娓娓道來臺灣的土地徵收，再次看大埔案，竟是這樣的怵目驚心，才更能明瞭張森文先生的痛，痛徹心腑。原來政府是這樣粗暴地「徵收」人民的土地，地方政府迫於派系、建商的壓力，利用市地重劃、一般徵收、區段徵收，壓低補償地價，拉高土地價格，讓原居住戶的抵價地因地價高而減少坪數，也為了補財政虧損的大洞，不惜一再的「合」法徵收。這些作為，美其名是為了公共設施的取得，卻毫不尊重原有地主，也絲毫不顧及憲法規定應保障人民之生存權、工作權及財產權之規定。張森文先生的藥房原有二十多坪，卻已被徵收兩次，而減到六坪，為了竹南科學園區周遭農地的炒作、開發，最後連這六坪也不保，而且在「天賜良機」之下給拆毀了。

人民的聲音政府聽得到嗎？怎忍心讓犧牲的弱勢者再被社會給犧牲掉？為了與公平正義站在一起，徐教授在 2008 年 12 月「農村再生條例」通過後，為了關心農村與農業，出與夥伴成立「臺灣農村陣線」，初由農村調查開始，由調查中發現土地徵收的問題，乃全身投入。只要在缺少土地正義的會議、土地現場，都可以看見他和他的朋友挺身

而出，以行動支援社會的犧牲者；進而研究臺灣的土地問題，而能在「土地徵收條例」修法時盡力，讓 2012 年 1 月通過的修法，加入三之二條，對於要徵收的土地必須做公益性和必要性的評估；在第十條第三項加入特定農業區經行政院核定為重大建設需辦理徵收者，若有爭議，應依行政程序法舉行聽證。

可惜的是，原本聽證會的範圍是包括所有的徵收案，只要被徵收人要求召開聽證會即必須召開，但國民黨政府反對，故辦聽證會的只限於「特定農業區」，功敗垂成，但這已是一頁重要而難得的歷史記錄，表示著一個走出學術、進入田野的學者，所做出的具體貢獻。

二、土地的歷史原來是這樣的

臺灣土地史本來就是臺灣史研究的範疇，但迄今沒有一個歷史學者通盤研究戰後臺灣土地史，令人汗顏。徐教授在這本書中先說明自己如何在從事田野時受到莫大的衝擊，體認到土地問題是臺灣社會問題重要的部分，土地的分配、使用問題是臺灣史的關鍵問題，因而走入土地問題的研究。他首先處理「三七五減租的問題」，說明在中國施行的「二五減租」之失敗，以如此之經驗要在臺灣實施三七五減租，之所以能成功，和省參議會的支持、以及發佈戒嚴令有關。在實施三七五減租的過程中，只有行政命令而沒有法律根據，而且刻意強調業佃衝突，並對「地主」汙名化，臺灣到底有多少地主？有多少地才是地主？這些並未有過細密的研究，即使如此，若與之後的耕者有其田相比，仍是利大於弊，對地主的傷害較小。三七五過後接著是耕者有其田，頒佈「耕者有其田條例」、「施行細則」，這是在日治時期所做的調查做基礎下，進行總歸戶，再依政府規定，個人私有土地可以保留中等水田三甲，若上等則減半、下等則保留四甲五分。由於吳國楨省

主席對施行細則有不同的意見，1953 年 4 月才公佈，而這年的一月已開始調訓相關人員，5 月 1 日就開始徵收地方的土地。在沒有法律依據，倉促進行，缺點難免。其中耕者有其田最大的問題在於徵收共耕地，該地都是小面積的土地所有人，主要原因是臺灣擁有二甲以下土地的持有者高達 87％，能被徵收的個人的耕地才三萬多甲，似不必為此而大費周章；於是才把持有土地最高比例的「共有耕地」將近十萬甲納入，這一來原本只有一甲以下土地的共有耕地所有者，反而成為被徵收的對象，求告無門，這種對小土地所有者的剝奪行為，罄竹難書其罪 。另外，只要有土地出租的，不論大小，土地所有者都被認定為地主，更是沒有天良。往後的補救措施也只是亡羊補牢罷了，因為傷害已經造成。臺灣實施耕者有其田，被執政者不斷吹噓為「成功」，之所以能徹底執行，主要原因是這些新來的統治者在臺灣放領土地，才能「拿人家的拳頭拇去撞石獅」；而「成功」不只在土地問題的表面上，而是讓獲得土地的佃農，成為國民黨的樁腳；更輕易地切斷向來地主和佃農的關係，而得以扶助另一批親國民黨的社會領導階層和派系。至於「公地放領」，戰後國府接收的公有地共有 18 萬多甲，其中由資源委員會掌控的台糖接收 12 萬甲。原本陳儀在 1946 年 12 月 31 日公布「臺灣省公有耕地放租辦法」，想將在日治時台糖半強迫徵收、購買的土地，租給現耕農民，將來優先放領給現耕農民。但資委會反對，國府並將土地登記在台糖下，台糖又撤佃，自僱工人經營，引起更大的風波。1951 年美國顧問雷正琪來臺考察土地問題，抨擊國府變相保留公有土地的作法，應該釋出更多的土地，國府才不得不改弦更張。然而此一放領，卻部分放領給與土地無緣故關係的退役軍人，而台糖放領的土地也不過 44551 甲而已。徐教授在研究後下的結論是：這是個充滿殖民者色彩、開倒車的決策，可知當時國民黨政府並沒把臺灣

人當「國民」看待。這是何等沉重的控訴。

三、「土地」為何不能正義

　　從本書第五至七章，徐教授針對「土地徵收」的六要件做一番論述，最重要的命題是要揭出國民黨政府向來「都靠都市計劃來控制派系」、「用都市計劃來攏絡派系」，讓他們能夠炒作土地賺錢，並補地方財政的不足。而土地徵收一般分成一般徵收（臺南鐵路地下化）、區段徵收（桃園航空城）、市地重劃（臺中的自辦市地重劃）。向來民主國家因公共建設而需要土地，必須付出很高的價格買地，或用等值的土地交換，不採徵收的下策，但臺灣往往視土地 收為優先的手段，要人民做出犧牲。國府甚至有特殊的區段徵收，為一般國家所不採的辦法。而要被徵收的土地，不需經過所有者同意，即能強制剝奪其財產權、生存權與人性尊嚴。美其名，徵收之前都要「土地徵收審議委員會」通過。其程序是由地方政府來擬訂都市計劃，並附帶決議要用一般徵收還是區段徵收，而後送到「都市計畫委員會」審理，通常都迅速通過，這就是徵收浮濫的原因。至於「土地徵收審議委員會」的委員是如何組成的？真能客觀中立嗎？這中間行政官僚占將近一半，政府只要再掌握某些學者和社會熱心人士的委員，即可順利通過。徐教授指出：「很多專家其實都是聽命於人，是非常政治的。」

　　徐教授所屬的「農陣」製作出「全國浮濫徵收總表」、「全國浮濫徵收地圖」，指出不合理徵收的地塊，各地都設有「自救會」，能否得救？難以逆料。其中士林文林苑、苗栗大埔張（森文）藥房、臺南鐵道地下化都是著名的例子。農陣的介入協助，常被視為搞破壞的外來者，不受歡迎。但徐教授等仍堅定地與公平正義站在一起，令人敬佩。

四、轉型正義中的土地問題

　　近十多年來轉型正義喊得震天價響，但轉型正義的內容不夠具體，而且也沒有徹底執行的方案，以及有能力的執行者。就以調查不當國民黨黨產一事而言，只知道錢項的追查，對於國民黨黨國不分時期（2000 年以前）留下來的中央黨部（包括海工、文工、組工等會）、省黨部的檔案，是否被「送出國外」或甚至銷毀，沒有一位民進黨政府的官員對此有所發言，有的只有國史館偉大到不管該館的「歷史檔案」要將之全部「拂下」給幾乎沒有歷史研究者的檔案管理局，還要別的單位一起「拂下」。至於對政治受難者的轉型正義，要追出加害者，但是政府從未對白色恐怖時期的受難案件進行全面的研究，有的只在對尚活著的受難者進行口述歷史、拍攝影像記錄；對於真正的案頭、被判死刑者，卻未進行研究；而有些受難者及其家屬更在意的是增加「補償費」，而非進行研究、究責加害者。至於土地問題，是否也有轉型正義的需要？絕對需要，所以徐教授說：「最令我難過並想為他們發聲的，是土地被徵收的共有出租耕地地主。他們的土地在 1953 年被徵收後，生活一夕變色，衝擊實在太大了。當時的歷史文件還記載著：雖然他們哭著向政府機構哀求，卻無法改變被徵收的命運。這是一段被掩蓋的歷史，都已經過了六十多年，仍沒辦法還他們公道，我們這些學者實在太不努力了。」

　　政府能否以加稅和增收較高的土地增值稅，來補充地方預算的不足？土地徵收若不符合六大要件不能輕率徵收，若經徵收，土地所有者必須取得不打折的賠償。亦即上述土地問題的解決，應包含在轉型正義的要項中。而早期民營唐榮鐵工廠被以總動員法收為省營，這樣的案子有沒有重啟調查的可能性。

五、以我的田野經驗來理解這本書

我個人原本研究制度史，下田野的空間較少，然而我因從事口述歷史、研究家族史、調查傳統建築，因而在田野中得到許多書本上得不到的知識，可成為瞭解本書重要的基礎。1986 年我進行唐榮鐵工廠董事長唐傳宗的訪問，想了解其鐵工廠何以被省政府接收？他的朋友常聽他罵：「賊仔政府、土匪仔黨」，以示對政府的不滿，在訪問時他偶爾也會以三字經斥罵政府。一度擁有 4000 名員工的大鋼鐵廠，最後卻變成只能做針車的「針」，相差太大，從這次訪談，我才知道天下「無不是之政府」，受到了第一次的震撼教育。

1988-89 年為了研究臺中龍井林家，在臺中賃居一年，進行我第一次、較長期的田野調查，他們是當地的地主，不可能不受到土地改革的影響，他們五個祭祀公業有幾十甲地，但被徵收到不到二十甲；之後又因龍井為農地重劃最先施行的地區，我這才對耕者有其田有點概念，也才瞭解農地重劃產生的問題。但因為報導人本身在鄉公所任職，他是說服族人、鄉人配合政府施政的人，所以語多保留，而且往好的方面講。但我在鄉間聽到一句「給政府三七五去」，這句話和政府宣傳「三七五新娘」中的三七五大異其趣。1991 年我受臺中縣文化局委託，進行臺中縣的民宅調查，由於那時還有的傳統民宅，多半建在日治時期，我常請教他們的問題之一是，過去你們有多少土地？其中豐原的 13 座傳統民宅宅主，無不用三字經伺候政府，以發洩他們對土地被徵收的怒氣。而這三個例子，我只是把它們寫入書中或記入腦中，從未直接去探討土地問題，更沒有主動發掘土地問題，或投身於社會運動，仍只在研究室中做我的研究工作。比起徐教授的起而行，我還真是冥頑不靈。

六、但願不要常在電視上看到徐世榮

　　拿到這本書的草稿，我正水深火熱地趕論文，以便 9 月 10 日的研討會不致開天窗，不是我拖稿，而是不得不為他人作嫁。於是這稿子我片片斷斷、陸陸續續的讀，拿著它到綠島、拿著它到咖啡店，終於我第二次讀到〈懷念張森文大哥〉一文，不禁掩書而淚下，也終於看完了這本書。

　　讀了這本書，我了解土地問題的來龍去脈，彷彿打通我對土地無知的任督二脈，讓我功力大增，同時也知道徐教授投入救援弱勢者的動機、經過和貢獻，以及為何揪團成立「農陣」。於是我眼前浮現了在我課堂上和在電視螢光幕的徐世榮，但願土地的轉型正義早日到來，希望賢明的立法諸公能修出好的法，讓徐世榮教授不必再出現在抗議政府的現場，謹為之序。

從土地研究到社會實踐

陳立夫（政治大學地政學系教授）

　　《土地正義：從土地改革到土地徵收，一段被掩蓋、一再上演的歷史》一書，是世榮教授從事土地學術研究，並進而獻身土地社會運動心路歷程的縮影，其內容對讀者，乃至政府立法‧施政深均具參考、啟迪與深思價值。

　　世榮教授畢業於政治大學地政學系及地政研究所，嗣負笈美國德拉威爾大學（University of Delaware），先攻讀政治學，獲得碩士學位後，進入都市事務與公共政策學院攻讀博士學位，師事 Barry Cullingworth 教授及 John Byrne 教授，深受洗禮薰陶；1995 年 8 月學成歸國，返回母系擔任教職。長期以來，關注土地與環境政策議題，並著述有成。

　　世榮教授的初期研究，主要聚焦於 1950 年代臺灣土地改革關於「耕地三七五減租」、「公地放領」及「耕者有其田」等議題。世榮教授側重政治經濟分析的研究取向，本其價值觀考察‧詮釋臺灣第一次土地改革的歷史事實、政策形成與執行；誠如其在本書第四章中所言：「我所看到的土地改革歷史，是一般人沒看到的陰暗面，但臺灣民眾應該也要瞭解這一面。」正因如此，其研究成果彌足珍貴，足以發人省思。

　　近年，世榮教授關注的土地議題面向，擴及於「農地利用」、「土地徵收」與「都市更新」等，除強調土地正義、環境保育、人權保障與民眾參與，以犀銳文筆鍼砭制度缺失與執行偏差外，同時更以實際行

動體現其民胞物與、關懷弱勢的情懷，實踐其以土地正義為核心的理念，期能促使有關機關對扭曲的土地制度與行政措施有所改革。2010年苗栗大埔土地徵收抗爭事件之後，諸如：士林文林苑都市更新案、竹北臺灣知識經濟旗艦園區計畫土地徵收案等，許多土地、環境相關議題的社會運動中，時常可見世榮教授在事件現場積極對因公權力受害而陷困頓無助的民眾伸出援手，協助發聲的身影。記得大約兩年前，從電視新聞報導中，看到世榮教授因聲援抗議苗栗大埔土地徵收案被突襲拆除房屋的住戶，卻無端被警察強行逮捕拖行的場面；尤其，另看到頭綁白布條，被粗暴阻擋於臺南鐵路地下化都市計畫變更案說明會會場門口的世榮教授，其極度憤怒，轉為略帶猙獰的臉部表情，實不由心中為之一震。事實上，平常的世榮教授是幽默和藹、笑臉常開，與其相處總是令人感覺輕鬆愉快。因此，當見此等情景，內心最大感觸是「制度害人」，同時也佩服世榮教授為實踐其理念、追求人權保障而犧牲、奉獻。

　　向來，對於土地制度、政策乃至相關議題的研究取向與實踐，我與世榮教授雖然「道」不同，但此未必是不相為謀；多年來，無論共同於地政學系碩博士班土地法制與政策組的師生專題討論課程砥礪切磋，抑或閱讀其剴切陳辭、鍼砭時政的著述，個人亦獲益匪淺。而欣見世榮教授學術業績與社會奉獻斐然有成，與其同事與有榮焉。值本書付梓之際，謹綴此數語以誌慶賀，更表感佩之意。

土地與國家

黃紹恆（交通大學客家文化學院人文社會學系教授兼系主任）

　　近三百餘年之間，臺灣土地制度的變革，從鄭成功趕走荷蘭東印度公司開始，經清末臺灣巡撫劉銘傳的「清賦事業」、日治初期臺灣總督府的「地租改正」事業、到戰後初期國民黨政權的「土地改革」，幾乎與統治權力之更迭有著密切關聯。在工業尚未發達之前，土地是最主要的國富來源，外來的新政權為了站穩腳步，尋求可靠的財政基盤，往往進行所謂土地制度的改革。論其本質，則在於重構一個適合自己權力體質的土地制度。相對這種主觀的需求，是否也存在著出於當地社會必然的歷史性歸趨或需求所構築之客觀條件，在強權的壓制下，反而不是那麼重要甚至被刻意忽略。

　　劉銘傳的「清賦事業」意圖消滅大租權，改變一田二主之類複雜的土地所有關係，卻引起民變終至中輟罷政。日治初期臺灣總督府記取劉的教訓，參照明治政府「地租改正」事業及「秩祿處分」的經驗，既消除了大租權，亦確立其財政基盤，但是農民的負擔未有輕減。

　　以薩摩、長州、土佐、肥前等「西南雄藩」為基礎的明治政府，最初為爭取農民的支持，曾經高喊減稅的口號。然而，當新政府了解其稅基有限時，最後所推出的「地租改正」事業，卻是將政府歲出金額分攤到各府縣，然後各府縣政府再將其負擔額，以分配到每個農民的方式，決定農民應繳的土地稅額。這種無視各地農業生產力水準的攤派，完全背離農民減稅要求的作法，不言自明，極具欺瞞與強權的性

格。「秩祿處分」則是明治政府以「秩祿公債」的手法，將占政府歲出三分之一的武士階級俸祿一筆勾消，不過卻也成為西鄉隆盛率領士族抗爭的「西南戰爭」的導火線。至於屬於藩主層級的高階武士，則在政府的指導之下，以「秩祿公債」為資本，成立有「華族銀行」之稱的「第十五國立銀行」。

臺灣總督府的「地租改正」事業，也是為了鞏固其財政基礎而推行。劉銘傳「清賦事業」的失敗，讓日本統治者了解到臺灣社會對土地改革的態度，其不採明治政府以攤提歲出為訂定土地稅額的作法，而是以結合各地頭人力量，使之或其子弟參與土地丈量的方式進行，同時也舉發出許多隱田與新田，最後擴大了政府稅基。對於大租權，則效法「秩祿處分」之故智，主要以大租權公債的發放消滅之。此外，亦在政府當局的指導下，大租權公債成為彰化銀行及嘉義銀行的設立資本，儼然為「第十五國立銀行」的翻版。

臺灣總督府由上而下的土地制度改革，依舊充滿著強權與欺瞞的本質。矢內原忠雄指出臺灣總督府無視臺灣人的土地使用舊慣，對於無法確切證明土地所有者，或是村落共同體所使用的「入會地」，一律粗暴認定為無主之地，強行併入國有土地，此即矢內原所指國家強行推動資本的「原始積累」。不過，這種既強權又粗暴的作法早在二十餘年前明治政府的「地租改正」事業即已如此，非特殖民地臺灣而已。

半世紀的日本殖民統治時期的臺灣經濟，主要由米、糖兩業撐起，土地仍為主要之富源，臺灣地主階層依然強而有力的存活下去。1920年代起，臺灣雖有具「舶來」性質的農民運動啟蒙，但是亦有臺灣總督府「愛佃設施」的推動，然而此時期官民力量對抗所織造出來的臺灣土地關係，則始終存在著某種穩定狀態。儘管臺灣的農地過半有著租佃負擔，地主憑土地所有權，即可不勞而獲地取得農民終年辛苦所得一

半甚至更多的成果，農民的生活水準亦始終無法獲得明顯改善。

　　1950 年代，臺灣與中國的統治權力皆以「土地改革者」自詡，進行各自的「土地改革」，因此臺灣的土地改革既有國民黨政權有如明治政府或臺灣總督府般，藉此穩定自己權力的實質作用，亦有與對岸中共政權抗衡較勁的意味。不過，相對臺灣歷史以往數次的土地改革，戰後的土改更有美國幕後的推動與支持。換個全球角度來看國民黨政權在臺灣的土地改革，也可說是二戰結束後，起自日本、南韓，經臺灣到菲律賓等國，東亞所推動一連串土地改革的一環，為美國建立圍堵共產勢力南下的戰略體系，東西冷戰對立關係成立之「基礎工事」。

　　時至今日，臺灣的土地改革經常被宣傳為「成功」的經驗。政府聲言此改革不僅解放了農民勞動力，亦將地主資本轉換到工業資本，臺灣從此接著出現快速的工業發展，獲得所謂「亞洲四小龍」的成果。這類從戰後「土改成功」一直連結到「亞洲四小龍」的「臺灣經濟奇蹟」論述，成為執政當局對自己存在正當性的強烈主張，「土改成功」亦成為神聖不可質疑的聖域。

　　不過，從今天的時點回顧戰後國民黨政權的土地改革，在作法上，似乎有著臺灣總督府「地租改正」事業的影子，只是戰後臺灣的地主雖然拿到了政府的補償，其資本卻未能如日治時期有進一步的發展而是趨向沒落。另外，政府的論述也說明了臺灣土改依賴外力的一個側面，相對這種推動土改的「外因」作用，令人不由得質疑，難道完全沒有任何兩百餘年來，臺灣土地制度內部所積漸成形的土改因素（「內因」）？這些質疑讓我們突然憬悟，我們似乎對戰後土改執行的過程及其細節，欠缺較深入的理解與反省，我們太理所當然地接受政府的說辭。

　　徐世榮教授這本大著，首先即對戰後初期國民黨政權在臺灣推動

土地改革的過程及內容，運用官方史料及口述歷史材料，詳細爬梳整理其間的因果關係，非常生動且立體地描繪出整個過程，直接指陳施行過程的恣意與粗暴。尤其無視當時臺灣各種不同情形的土地所有，以及業佃關係的實際狀況，在既違法又無充分準備的情形下，國民黨政權挾帶二二八事件後臺灣社會對其所抱持恐怖與不安心理形成的威勢，達成其施政的目標。徐教授的論述揭示一個極重要的觀點，戰後臺灣土改既然是無視臺灣內在客觀條件的強權作法，因而其所具正當性與必然性，顯然就有再商榷之餘地。

同時在所謂「日產」的接收與其後的處理過程中，戰前幾乎與臺灣無任何瓜葛的國民黨很神奇地從一無長物，搖身一變在臺灣擁有豐厚物業的統治政權，甚至在 1990 年代被日本雜誌稱作全世界最大的財團。當然，土地是其中很重要的部分。

另外，在所謂經濟發展的大義名份之下，工業資本在國家政策的卵翼之下，無視對環境的汙染、破壞以及在地社會既有的生活秩序、價值，進行著剝削土地的投資與生產，表現出二戰結束後工業新興國家典型的土地剝削及資本「跛足」積累的工業化。

這些對土地不當的處置與運用，由於是在政府威權統治下才得以進行，因此隨著臺灣政治的民主化、多元價值化的進展，其所造成的問題，很自然地逐一浮現出來，成為臺灣社會由下而上，在政治、社會、經濟乃至於文化等各方面訴求的主要內容。經濟發展與環境保護、土地永續經營及文化保存並不相悖，只是過去資本依附或寄生在國家權力之下，無須面對太多的「社會成本」或是認真負起責任的資本積累方式，才是最大的錯誤，這國家浮誇的經濟成長，其實是建立在數個世代及土地的痛苦犧牲之上所達成。

作為學以致用的行動者，徐教授在這本書的第二部分，留下了歷

次參與及領導與土地有關的政治訴求與抗爭的紀錄，讓我們得以非常貼近地觀察到今日臺灣社會遭抗爭勢力之巨大與荒謬，同時也可清楚感受到在當事者的辛酸、憤怒及決心，讀來傷感。更重要的是，徐教授也提示了政治的轉型正義只是社會正義轉型的開始而已，如果不能貫徹到經濟層面，這種轉型很難徹底實現與存續。相反地，當臺灣日益壯大的獨占資本逐漸收編政治力量時，經歷諸多世代人們犧牲、奮鬥及努力才爭取到的民主價值與社會生活，就極有可能會被這些有如怪獸般的獨占力量，藉由民主的形式吞噬掉民主的實質，這是今後臺灣社會不得不面對的潛在危機。徐教授在這本書所揭櫫國家與土地的歷史與事實，足以讓我們明確看到總統直選及政黨數次的輪替，並不意味著臺灣民主社會的建立已然完成，當聳立在政治背後的獨占資本怪獸露出其面目時，真正的試煉才正要開始。

作為有幸先睹為快的讀者，同時也是徐教授多年的老友，除藉此向徐教授，也向他的夫人廖麗敏博士致意。當徐教授聲嘶力竭、干冒危險，站在抗爭第一線，對著國家權力嚴正宣示訴求，要求執行者撤回其錯誤決策時，徐夫人的擔心，應不需多作說明，她的犧牲不會比徐教授來得少。

最後，恭賀這本將對臺灣社會發揮深遠影響的著作即將付梓問世。

土地徵收及強制迫遷
應是臺灣「轉型正義」的重大課題

　　對我而言，出版這本書實在是一個很大的意外。這是因為在「好友」黃紹恆教授和張怡敏教授的推薦下，有幸認識了遠足文化龍傑娣總編輯，在她的精心策劃及積極努力下，才有可能出版這本書，但我原先並不知道這本書是要以我為中心的。我因為研究過往臺灣土地改革的歷史，深知當初被政府刻意指定為「地主」的人，其實大部分皆只是小面積的土地所有權人，根本就稱不上是富有的階級；因此，土地改革政策，尤其是耕者有其田，對於他們的生命和家族而言，帶來了非常大的衝擊，許多的人生悲劇也是因此而生，並繼續影響著後代，但是他們的後代及臺灣社會卻都很不瞭解這段歷史。因此，長期以來，我內心深處一直有一個願望，就是很希望有出版商或紀錄片拍攝者能去探索及記錄他們悲慘的故事，讓臺灣社會知道，趕快進行可能的彌補，並期盼臺灣未來永不再發生類似的悲劇。但是，或許是因為溝通上的失誤，在進行一段時間之後，才發現原來這本書是要以我為主，當我認知到這一點時，與龍總編輯和她的同伴們都已經成為好朋友了，由於他們已經投入許多的時間與財力，在此情況下，我也不好意思再予以拒絕了。

　　眾所皆知，臺灣土地改革的經驗向來為世人所稱羨與頌揚，其正面的功效似乎已經成為定論，應該不用再研究了，那我為什麼會研究臺灣土地改革的歷史？其緣起我在內文中有所交代，這要非常感謝中

研院社會學研究所蕭新煌老師給了我這個機會。也就是我原本也以為臺灣土地改革應該沒什麼好再研究的了，豈知在進行田野調查之後，我的想法逐漸被顛覆了，因為我聽到一些完全不一樣悲慘故事，經過了受訪者的啟發，我與助理再去挖掘相關的歷史紀錄，我終於發現問題其實是非常的嚴重，臺灣土地改革的經驗有許多必須重新予以審視與檢討的一面。我也深覺當時的總統蔣介石及國民黨政府過於殘酷，為了達成其政治目的，不惜刻意塑造出一個「地主階級」，並把這頂「地主階級」的帽子套在那些小面積土地所有權人的頭上，讓他們變成是一個被打擊及詆毀的對象，他們就如同中共所批鬥的「黑五類」一般，而且這種現象至今仍然沒有獲得平反，如「耕地三七五減租條例」依舊有效即是一例。

國民黨過往的威權獨裁性格本來就不尊重民主自由和人權，更因為土地改革而養成了隨意進行土地徵收的惡習，這樣的惡劣舉動並沒有因為解除戒嚴而有所改變，現階段竟因為中央和地方政府財政赤字惡化、及政治人物為了鞏固和拉攏地方派系，讓他們進行土地投機炒作，而更加變本加厲地被採用。除了土地徵收之外，同時也有許多不正當的市地重劃和都市更新等，這都是對於基本人權的嚴重侵害與剝奪，由此引發了許多抗爭和社會運動。面對這些抗爭者，政府的宣傳往往是將其定位為「民粹」及不理性的「社運流氓」、或是「釘子戶」和「暴力份子」，認為他們一定是為了個人私利而不願意成全社會整體的公共利益，因此整個社會的氛圍幾乎都鄙視及譴責他們。但是，這其實是很不正確的，因為問題的根源乃是因為這些徵收及迫遷根本就缺乏正當性與合理性，本質上這即是所謂的「官逼民反」，而抗爭行為則是這些社會弱勢者最後僅存的表達方式，是相當悲壯的舉動。

以前我留學美國時，發現他們土地徵收的案件其實非常少，我所看到的土地徵收案例都是從書本上閱讀而來的，也就是在我留學美國及進行研究的九年時光裡，沒有一個土地徵收案例是發生在我的生活周遭。學成回國任教期間，長期以來受到本系陳立夫老師的啟發及諄諄教誨，他豐富的學識也提供了日本和各國的相關經驗，讓我深切感受到臺灣的土地徵收真的太過於浮濫了，也因此嚴重侵害人權。大概在七、八年前，我和一群年輕朋友因為關心「農村再生條例」的立法而共同籌組了「台灣農村陣線」，我們也因此關心許多土地被徵收的議題，並進而協助這群社會弱勢，如苗栗大埔、灣寶、新北八里臺北港、林口 A7 機場捷運站區、淡海新市鎮第二期、新竹璞玉計畫、彰化二林相思寮、桃園航空城、臺南鐵路地下化等，我也因此時常站上街頭，也曾多次被警察抬上警備車，並以現行犯被逮捕，部分媒體更給予「社運教授」的稱謂，我的人生已經出現了很大的改變，但我未曾後悔過，這條道路縱然坎坷，還是要努力繼續前行。

　　因為我一直認為，政府現在的浮濫徵收是與過往隨意徵收有著緊密的連結，也就是政府之所以會動不動就進行徵收，乃是因為已經養成了惡劣的壞習慣，而我們的社會在政府長期的誤導與扭曲宣傳之下，竟然也被洗腦，認為國家的進步一定會與土地徵收連結，因此對於政府的隨意徵收似不以為意，進而嚴重忽視了這個重大的社會問題。但是，這完全是不正確的，國家進步未必是要與土地徵收與強制迫遷作連結的，土地徵收及強制迫遷並非是國家進步發展的必要條件；我反而認為，在沒有或是極少數符合要件的土地徵收之下，國家依然能夠建設發展，那才是真正進步的表徵。因此，為了改變這個惡習並為過往臺灣土地改革受災戶平反，我一直認為土地徵收及強制迫遷應該是臺灣「轉型正義」的重大課題，也就是臺灣「轉型正義」的課題絕非僅

是過去式，如二二八、白色恐怖、國民黨不當黨產等，它更應該是現在進行式，如都市計畫、土地徵收、市地重劃、都市更新等強制迫遷，它們就在我們現存的世界裡，應該是現階段非常重要的「轉型正義」課題。然而，非常遺憾地，縱然是解嚴已經快三十年了，由於戒嚴威權體制沒有根本的改正，公共利益的詮釋權依舊是由政府及少數有權力的人所獨占壟斷，這使得我們的生活周遭，仍然是充滿著許多侵害人權的事情，亟需趕快予以改正，我因此很期待這本書的出版，能夠多少對此有所貢獻。

很感謝許多位前輩的推薦和惠賜序文，為本書的發表增添了許多光彩，我相當的感激。我要特別感謝張雅綿小姐相當有耐心地聽我敘述過往經歷，及非常有系統的整理，也要感謝龍傑娣總編輯的全力支持，同時也要感謝陳榮顯導演及其工作伙伴的協助，讓他們臺北屏東兩地奔波，實在是很不好意思。再者，我也要很感謝內人廖麗敏教授和國峰、紹峰二個寶貝兒子，若沒有他們的支持和犧牲，我是不可能走到今天這樣的境界。最後，願謹以本書獻給那些因為土地徵收及強制迫遷而受苦受難的臺灣人民，我衷心期盼這本書能夠讓臺灣社會知道您們受到了不公不義及很不人道的對待，很希望您們的苦難能夠早一點結束。

上篇
土地改革的真相，
你不知道的黑歷史

第一章

土地與我

大埤鄉的童年

我小時候曾經住在雲林縣大埤鄉，它位於雲林縣最南邊。我的祖父和外祖父終生務農，因為他倆認識，而外祖父只把女兒嫁給熟人的小孩，所以他女兒就成了我母親。那時家裡沒有耕耘機，都以水牛耕作，外祖父家以前就曾養過一隻水牛。我在家鄉很少看到黃牛，可能靠海的區域才有。我母親那邊的人都不吃牛肉，不是宗教的原因，可能是因為與牛的關係。

臺灣農地繼承習慣採「諸子均分制」，導致農地不斷細分。政府為了不讓農地細分，曾經有一段時間學習日本，改採單子繼承制，在「農業發展條例」中限制繼承人只能有一個人。但臺灣的習慣是多子繼承，不是日本的長子繼承制，如果大家都務農，卻要決定只有一人能繼承土地，很容易造成紛爭。後來因為很多人反對，所以現在還是採均分制，但限制農地細分的最小面積，必須在 0.25 公頃以上。

由於那段時間規定土地只能由一人繼承，我父親雖然是家中老大，但因為他是老師，就把土地讓給叔叔耕種。雖然土地由叔叔繼承，但

大家都有共識，土地實質上是屬於大家的。因為祖父的地都由叔叔耕種，我家從我爸爸擔任教職之後就沒有務農了，但以前農忙的時候還是會回去幫忙，這也種下了我與農村及農業的關係。

在務農者觀念裡，祖產是不能賣的

我在斗南鎮唸小學，每到寒暑假便回到鄉下，我最喜歡位於大埤鄉三結村「田仔林」的外祖父家。我家三兄弟中，只有大哥在雲林當公務人員，二哥和我都在臺北工作。我很喜歡外祖父，也很想念他，到現在每次回去仍會到外祖父家走走。外祖父的地和房子都還在，不過房子已經沒有人住了，旁邊許多親戚的房子也都空下來了，讓我覺得很寂寥。外祖母今年將近一百歲了，住在臺中，由舅舅和舅媽細心的照顧。在我們的觀念中，祖產是不能賣的，舅舅們都發展得很好，或做生意致富，或從公部門退休，即使有人想收購也不會賣。

我的祖父早逝，他生前不曾和我談過土地改革的事情，我父親也不太清楚，但我知道祖父的地大概有九甲。外祖父則是地方仕紳和政治人物，曾經是雲林縣農會的理事長，他後來沒有繼續參與政治，可能是因為對臺灣的政治相當失望。他也沒有和我提過土地改革的事，我問他關於「二二八事件」，他都不太想談，只說「死了很多人。」

就讀政大地政系之前，我並沒有特別想要念什麼科系，只是笨笨地按照分數填志願。政大畢業後卻念了兩個碩士：在臺灣取得地政碩士後，到國外改念政治碩士。讀完政治碩士後我曾思考要不要繼續念政治博士，剛好我們學校有位都市計畫的大師 Barry Cullingworth，他的研究很吸引我，也願意收我當指導學生，於是我就轉去念公共政策與都市計畫。

日治時期（約 1933-1937）的臺北郊外，稻田收割後，農夫以水牛拉犁，進行整地的景象，黑白照片收錄於《臺灣寫真大觀》。（國立臺灣歷史博物館提供）

都市計畫本身就是政治。在臺灣卻把都市計畫當成是科學、技術、工具，根本是呼嚨人民，其實都市計畫的本質是政治。

我的博士班指導教授

我在博士班的兩位指導教授都很有名，第一位是 Barry Cullingworth 教授，第二位 John Byrne 教授是世界知名的能源環境研究者，他是聯合國組織 IPCC（跨政府氣候變遷小組，Intergovernmental Panel on Climate Change of the UN）的重要成員。IPCC 獲頒諾貝爾獎時，學校還幫老師辦了盛大的慶祝會。

Barry Cullingworth 教授是國際都市計畫界的大師級人物，他從英國被挖角到加拿大，我的學校 University of Delaware 又把他從加拿大挖過來。University of Delaware 在臺灣比較不知名，是私立學校，學校附近有很多生化公司，最有名的就是杜邦公司，學校董事會也以杜邦家族為主。後來 Cullingworth 教授因為太太身體不好，於是決定回英國劍橋教書。在國外，很多學生都會跟老師走，當時我猶豫很久，但因為我的小孩剛出生，所以沒有跟他一起去英國，否則我現在就是劍橋大學的畢業生了。不過，我向來不迷信名校。

因為沒跟著老師到英國，1991 年我的指導教授換成 John Byrne，我也因此進了「能源及環境研究中心」，從此開始接觸環境議題。環境和能源也一直是我所關心的議題。

另外一位影響我的老師是 Robert Warren 教授，他原來也是學政治，後來研究都市政策，他的理論與思維背景是 1960 年代美國學生運動的時代，非常強調「實踐」，七十多歲還上街頭。Robert Warren 教授畢業於 UCLA，那裡的學風和 UC Berkley 一樣，非常強調社會參與、

關懷和實踐。雖然他不是我的指導教授，但我們的關係非常好，坦白說，我對社會的持續關懷主要就是受 Warren 教授的影響。

返國之初的研究動向

1995 年我從美國回來，到政大教書，系上要我教「中國土地制度史」，傳統上是從堯舜禹湯文武周公開始講起。我大學時上過這門課，覺得很無聊，很像高中歷史地理，因為有教科書，只需要背起來，等考完試也就忘了，實在很沒意思。剛開始我用以前的課本，這堂課又排在禮拜六上午，聽課學生都睡翻了。這樣下去還得了？於是期中考之後，我開始改談臺灣土地制度史。

由於我不是學歷史出身，因此去旁聽許雪姬老師的臺灣史課程，一邊旁聽一邊教課。那堂課我旁聽了三年，課名雖然都一樣，但每年老師講的內容都不一樣。許老師真的很厲害，而且記憶力超強，我很佩服她，她是我的臺灣史啟蒙老師。很感謝她讓我旁聽，讓我偷學東西。旁聽許老師課程時，一起上課的還有張素玢、張怡敏、陳鴻圖等同學。後來我就把課程名稱裡的「中國」拿掉，改成「土地制度史」，課程只談臺灣的土地制度史，學生們的迴響很熱烈，對他們的影響也很大，到現在還有幾個學生對我說，這堂課對他們的幫助非常大。

「土地制度史」從清治談到日治，接著就要談民國時期的土地改革。清治時期的教材是中研院台史所黃富三、陳秋坤等研究員所寫的書，和師大施添福老師的研究。施老師雖然是學地理出身，但他也做過原住民土地研究，學生對此很感興趣。那時候比較缺乏日治時期的研究，臺大農經系王益滔老師的著作中 [1]，談日治時期的部分對我也很有幫助——雖然這篇文章的許多資料是從日文翻譯過來，但也提供了

很重要的資訊。另外就是張怡敏老師，她一直跟著許雪姬老師，後來得到霧峰林家林澄堂那系的帳簿，以此做了博士論文[2]，她的博士論文也成為我的上課教材，學生也都很感興趣。

在 1997 年蕭新煌老師找我合作「東亞土地改革的再審視」計畫前，我比較感興趣的是有關人民參與的研究題目，即都市計畫或土地政策如何讓人民參與，同時我也開始關心公民社會。1995 年，我和政大幾個不同學術領域的老師，如社會系顧忠華、公行系江明修等人共同成立「非營利組織研究室」，討論公民社會和人民參與。後來顧忠華和幾位朋友一起創公督盟，江明修現在是政大社科院院長，我則擔任第三部門研究中心主任。我從 2008 年開始擔任中心主任至今，但學校不太重視，僅提供非常有限的經費，我很擔心這個中心會被關掉。

「公民參與」一直是我的研究重點核心，也發展出後續的研究領域。我的研究領域主要有三個部分，一是公民參與、二是土地政策、三是環境議題。我研究過主婦聯盟，寫了一篇文章〈新社會運動、非營利組織、與社區意識的興起〉[3]，以主婦聯盟為個案，分析臺灣非營利組織的內涵及其對社區意識興起的影響。有一陣子，若有人要訪問主婦聯盟，主婦聯盟都要求訪問者先看我的文章。

踏入土地改革的研究

早在 1990 到 1995 年我寫博士論文期間，因為研究臺灣的環境保護運動，訪問了蕭新煌教授。他對我非常照顧，把我當做自己的學生，即使我沒真正上過他的課——他是臺大的教授，而我是政大的學生。

1996 年，美國夏威夷東西文化研究中心想推動「東亞土地改革的再審視」（Land Reform Revisited in East Asia）研究計畫，主要針對

日本、南韓和臺灣，他們在日本和南韓都找到學者，但在臺灣一時找不到，後來才找到中央研究院的蕭新煌教授。蕭教授是美國紐約州立大學水牛城分校的社會學博士，博士論文涉及了臺灣與南韓的土地改革比較。[4] 蕭教授參與「東亞土地改革的再審視」研究計畫後，就找我和他一起做。他對我說：「你在地政系，土地改革也是地政系應該熟悉的課題，我們一起做。」於是我接受了他的邀約。

參與研究計畫後，每年我們和美國、日本、南韓的學者聚在中研院討論，夏威夷東西方文化研究中心的計畫倡導者也有他們的想法。一般認為土地改革的助力是從外部而來，例如美國給我們的壓力，所以臺灣才做土地改革，但夏威夷東西方文化研究中心的研究發現，土地改革有一部分是國內的壓力與力量所致，這部分指的就是「公地放領」。這個觀點對我很有幫助，但是這不能解釋「三七五減租」或「耕者有其田」。

以前政府公部門對土地改革政策的宣傳，都是非常正面的。在正面宣傳下，「土地改革」給我們的印象非常好，認為它對臺灣的影響是正面的，即使到現在還是一樣。當時我心想：「這還有什麼好做的？都已經蓋棺論定了，土地改革就是豐功偉業，對臺灣有很正面的影響。」我原本不太期待能做出新的東西，覺得只是把舊東西重新炒一遍、繼續歌功頌德一番而已。其實那時我並不知道自己會發現土地改革的真相，進而深入探究土地政策的問題。

現在我們談轉型正義，都只談「二二八事件」或白色恐怖，卻忽略了土地改革。當時在臺灣，許多民眾的權益因為土地改革而遭受非常不公平的對待，我認為轉型正義應該還要包含土地改革這個部分。

從事田野時受到莫大衝擊

我對土地改革的研究是從 1996 年的田野開始。因為我無法跑太遠，所以研究區域設在桃園一帶，南崁、大園附近，有時候也會到臺北縣三峽等北部地區做田野調查，訪問朋友們所介紹的長輩。

有一天，我在南崁訪問佃農 A，給了我很大的震撼。佃農 A 的土地在南崁交流道下不遠處，他說：「徐老師，你知道當時我們『頭家』（地主）有多可憐嗎？我們都要偷偷拿東西去給他們吃。」我不懂，「頭家」怎麼可能沒飯吃。教科書都寫道，地主至少可以保留三甲中等水田，應該足夠生活，怎麼可能沒飯吃？還要佃農偷偷拿去給他們吃？

之後我在南崁往臺北縣方向的地區訪問了佃農 B。他是日治時期的臺籍日本兵，曾經到過南洋，戰後從南洋回來。他的頭家郭烏隆[5]對他很好，1953 年「耕者有其田」放領土地時，他本來不願意領郭烏隆的地。他說：「我們家從祖父輩都向他們『贌田』[6]，頭家對我們很好，我們想把土地還給頭家，政府卻說不行，讓我們很不好意思。」[7]

這是近二十年前做的調查，那時南崁有很多農田，和現在完全不一樣。A 和 B 兩個案例帶給我很大的衝擊，我很遺憾當時沒有妥善保存錄音檔，他們現在如果還在世，年紀應該都超過九十歲了。在以前的教育養成中，我們得到的知識是：地主剝削佃農，所以我們要同情佃農。乍然在田野採訪中，聽到佃農談及地主沒飯吃及佃農對地主的同情，和我的邏輯嚴重衝突。這對我來說是很重大的改變，我就把問題留在心裡面。

政府實施土地改革的正當性，是建立在地主無惡不作、剝削佃農、隨意撤佃起耕，讓佃農朝不保夕、生活困苦的前提上，但在我訪談的過程中，地主和佃農都是好幾個世代的關係，不會輕易更換。每當我

出贌耕田約。實施土地改革之前，臺灣佃農大都世代向「頭家」租用田地耕作（贌田），並訂立
契約。（國立臺灣歷史博物館提供）

問他們從何時開始贌田,得到的答案都是從阿公及阿祖那時就開始,這與我過去受到的教育不一樣,同時也是具有重大意義的啟發點。

我開始思考,為何佃農 A 的頭家會過得這麼慘,他還要偷偷拿東西給頭家吃,不敢名正言順地拿給他們?佃農 B 也衝擊了我。因為國民黨一直教育我們,地主和佃農的關係很惡劣、兩者之間有非常多的衝突,但如果業佃關係這麼惡劣,為何佃農 B 會這麼感念他們的頭家?如果業佃之間沒有衝突,那麼我們實施土地改革的正當性在哪裡?

臺灣史的關鍵議題

我並非反對土地改革,而是認為臺灣的土地改革其實有許多的問題。不論是「三七五減租」、「公地放領」或「耕者有其田」,都是臺灣社會問題中重要的部分,需要重新再審視。

1949 年的「三七五減租」到現在還有三萬多個租約,很不合理;1951 年的「公地放領」政策背後的問題是台糖土地,但現在台糖土地的問題依然存在;而 1953 年實施的「耕者有其田」做得非常粗糙,到現在都還存在很多問題。我們應該讓臺灣民眾知道,臺灣的土地改革出現了嚴重問題,希望能夠讓這一段歷史重現,因為這是臺灣史很關鍵的部分。

1　王益滔,《臺灣之土地制度與土地政策》,臺北:臺灣銀行經濟研究室,1964。

2　張怡敏,《日治時代臺灣地主資本累積之研究——以霧峰林澄堂系為個案》,臺北:國立政治大學地政學系博士論文,2001。

3　徐世榮,〈新社會運動、非營利組織、與社區意識的興起〉,國科會補助研究之初步成果報告,計畫名稱為「非營利組織與社區營造關係之研究——以環保團體為例」,1999。

4　Hsiao, Hsin-Huang Michael, 1981, *Government Agricultural Strategies in Taiwan and South Korea: A Macrosociological Assessment.* Institute of Ethnology, Academia Sinica, Taipei: Institute of Ethnology, Academia Sinica.

5　郭烏隆（1878-1973）生於臺北州海山郡板橋街，其父郭九為當地雜貨商，郭烏隆自十四歲起，便協助父親打理生意，十八歲時前往大稻埕，開設「郭怡美商行」（現址：臺北市迪化街一段 129 號），經營海產物、雜穀、麵粉、糖等批發生意，並累積豐厚的資本。郭烏隆曾參與許多商業組織，1920 年與大稻埕眾商共同組織「臺北貿易商協會」，也擔任其他團體，如稻江信用組合監事、龍江信用組合理事、永樂町店鋪建築利用組合監事、臺北商業會理事等職務，素為大稻埕知名商賈之一，與「莊義芳商行」行主莊輝玉頗有交情。（摘錄自：「二、郭怡美商行」，中央研究院臺灣史研究所檔案館，網址：http://archives.ith.sinica.edu.tw/collections_con.php?no=92，2016/1/18 檢索）

6　瞨田（pak-tshân），租用田地耕作。

7　徐世榮、蕭新煌，〈戰後初期臺灣業佃關係之探討──兼論耕者有其田政策〉，《臺灣史研究》10:2(2003.12)，頁 47-48。

第二章
三七五減租

臺灣歷經日本明治維新的治理，進入近現代化的發展階段。在日治時期，日本變更臺灣傳統地籍制度，建立近代地籍觀念，成為戰後土地改革在臺灣得以成功實施的關鍵原因。日治時期所建立的臺灣地籍資料登記得相當詳實，現在的地政事務所仍保留當時的土地和戶口資料。土地改革未擴及花東，則是因為花東地區的地籍資料仍不完整。

佃租制度與實施土地改革的由來

　　臺灣佃租額過高的問題由來已久，早在清領時期就約定成俗，可說是歷史傳承下來的現象，並非國民政府來臺後才突然提高。[1]

　　臺灣傳統的佃租以口頭契約為主，書面契約僅為總數的十分之一，以致部分不肖地主任意撤佃，影響佃農的生活。根據 1948 年的調查，佃農平均佃租約占收穫量之 56.8 ％，臺中地區因為土地比較肥沃，根據日治時期的統計，佃租甚至高達 70 ％。佃農與僱農在這種土地制度中掙扎生存，不僅是土地經濟的問題，更是社會政治的問題。[2]

　　在國共戰爭後期，蔣介石察覺局勢不對，令陳誠來臺灣建設，為

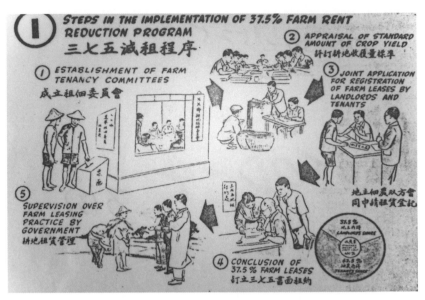

實施三七五減租程序中英文對照海報（拍攝於「農為國本：臺灣農業檔案特展」）

國民政府做撤退的準備。臺灣當時的租佃制度，存在著租額過高與佃權不安定的問題，而中共當時以「土地改革者」自居，國民黨若不積極改革臺灣的土地制度，恐怕無法抵擋中共的宣傳攻勢。

　　1948 年 10 月，陳誠抵達臺灣，於 1949 年 1 月擔任臺灣省政府主席，並依照中央法令實施減租政策。第一階段為「耕地三七五減租」，由曾經負責浙江「二五減租」政策的蕭錚來臺灣推行「三七五減租」政策。陳誠抵臺後，委請臺灣省地政局草擬《臺灣省私有耕地租用辦法》，由省政府在 1949 年 4 月中旬頒布，推行「三七五減租」。[3]

「三七五減租」脫胎自「二五減租」

在此之前，1926 年中國國民黨將「二五減租」列為政綱之一，在各省推行。以往普通佃農繳納給地主的佃租，占收穫總量的 50％，許多地方還不只這個數字。這樣的佃租實在太高了，「二五減租」就是從占收穫總量 50％ 的佃租之中，減去該項佃租的 25％，減租後的租額就僅為收穫總量的 37.5％。[4]

「三七五減租」即從「二五減租」而來，不稱「二五減租」是為了使農民容易明白地計算。湯惠蓀在《臺灣之土地改革》一書中對此有以下說明：

> 1927 年開始在大陸實施的「二五減租」，是臺灣「三七五減租」的前身。此法曾先後在廣東省、兩湖及江浙省推行，但因地主等既得利益者強烈反對，導致政策推行困難，僅浙江省稍有成效。加上頒布於 1930 年 6 月 30 日的《土地法》，遲至 1936 年 3 月 1 日才開始實施，又因對日戰爭爆發，政策時行時輟，殊少成效可言。[5]

「二五減租」最終還是失敗了，主因有三，一是封建勢力反對：地方省長及省主席等官員擁有廣大的收租土地，中央政府政策卻得靠他們執行，若他們不積極推行，政策便無法成功；二是租額混亂：中國地籍觀念既傳統又複雜，推行「二五減租」時，中國仍運行傳統租佃制度，存在複雜的大租、小租與各地不同的租額，無法用現代民法物權觀念理解；三是地籍資料不完備：推行「二五減租」政策前，政府未先執行地籍總歸戶，以至於無法確切掌握土地所有權人的確切土地數量與佃租金額。在陳淑銖的《浙江省土地問題與二五減租》一書中，即不斷提到這

些問題。[6]《土地改革史料》也明確點出「二五減租」失敗的原因：

> 小租制度，本來應該捨棄的，因為收小租者，僅僅出了少數資本——有特殊情況的很少很少——也不完糧，也不負擔地方上的一切稅捐，坐收其利，這和「二房東」一般，直接為剝削佃農者。現在既未明文廢棄，對於大租小租應該有個公平的分配，如果預先代為規定，也許有不合於當地的情形。因為習慣上大租小租不是一樣，有繳大租一百斤，小租只繳二十斤或三十斤、五十斤的，亦有小租跟大租一樣多，甚至高過於大租。這樣的情形非常複雜，不是閉戶可以懸擬的，一定要拿事實來做根據，所以應該斟酌當地情形辦理。

> （前略）租田的習慣，各地絕不一致。一般情形，有地主得六、七成，佃農得三、四成者，如果地主供給農舍、農具等等，則佃農所得更少。反之，如佃農預付押租，或有永佃權者，則租額較低，佃農亦有得六、七成者。或者田底田面分屬二人，則佃農須交雙重佃租；或者不論荒歉，按年照約交租；或者得照年成豐歉，依約定租額議折交租者。類此情形，至為複雜。[7]

根據 1951 年《耕地三七五減租條例》第二條之規定：「耕地地租租額，不得超過主要作物正產品（如臺灣水田主要作物之正產品為稻穀）全年收穫總量的千分之三百七十五，原約定地租超過千分之三百七十五者，減為千分之三百七十五，不及千分之三百七十五者，不得增加。」換句話說，「三七五減租」是限制佃租的最高額為收穫總量的千分之三百七十五，任何租佃關係在實施三七五減租以後，其租額不許超過千分之三百七十五，所以這是一種限租制度，我們也可以稱為「三七五限租」。[8]

威權氣氛下，實施「三七五減租」政策

省政府推行「三七五減租」時，大多數的臺灣省參議員都是各地有名的地主，減租政策本來是對地主不利的改革，因而「土地改革」政策推行之初，省政府原本預期會遭受阻礙，但出乎意料之外，省參議員全都積極配合，臺中縣參議會甚至設置獎金，鼓勵各區鄉鎮工作競賽，還有省參議會發電文給各縣市政府和議會，要求協助配合。[9]

省參議員之所以積極配合，是因為當年國民黨節節敗退，政局緊張，地主被中共清算鬥爭的消息陸續傳來，這些地主知道若不盡快將臺灣建設好，等到「共匪」滲透臺灣，就什麼都沒了。

各縣市從 1949 年 5 月下旬開始執行「三七五減租」的換約及登記工作。在短短一個月時間內，所有業佃租約都更換完畢，工作進度極為迅速。除了少數因糾紛或地主住址不明等特殊情形外，都已完成登記換約，全省換約人數共計 299070 戶，換訂租約計 368322 件。[10]

當時沒有電腦，通訊設備也不發達，能夠這麼快完成換約的原因，臺灣史學者李筱峰教授認為，這是因為「權威氣氛」所致，讓地主不得不接受「三七五減租」政策。我同意他的觀點，因為當時是恐怖的威權統治年代。由於戰亂時期，情況緊急，中央政府即在 1949 年 5 月發布《臺灣省戒嚴令》，由省主席陳誠兼任警備總司令，省政府則分別在 1949 和 1950 年發出兩次命令給地方縣市政府，其主要意旨為：倘有地主嚴重違背「三七五減租」政策，可以將其逮捕並且送至警備司令部。[11]

推行「耕地三七五減租」時，少數反對聲音中，最大的勢力在臺中。新聞報導陳誠到臺中訪視時召集地方首長與仕紳，他撂下狠話：「刁皮搗蛋不要臉皮的人也許有，但是，我相信，不要命的人不會

有！」這句話立刻解決了地主不願意改約的問題。前有「二二八事件」，後有陳誠這番話，搞得大家都很緊張，趕快配合。據傳一位大地主開完會後馬上刻了二十個私章，請人趕赴各地找佃農改訂租約。一般是佃農找地主簽租約，此時反而是地主主動找佃農簽訂租約，因此國民黨在臺灣只花了一個月的時間就完成了「三七五減租」。[12]

「三七五減租」政策的問題

行政命令的施行缺乏法律依據

臺灣省政府在 1949 年上半年制訂了許多與「三七五減租」相關的行政命令，如《臺灣省私有耕地租用辦法》、《臺灣省私有耕地租用辦法施行細則》、《臺灣省辦理私有耕地租約登記注意事項》等。值得注意的是，上述行政命令並沒有在最高民意機關——臺灣省參議會——討論，因為臺灣省參議會在 1948 年 12 月到 1949 年 6 月之間休會，但「三七五減租」的各項行政命令卻大抵在這個時期制訂並付諸實行。[13]

由於缺乏法律基礎，許多重要事項並未受到強制規定。例如《臺灣省私有耕地租用辦法》未明確訂定租期長短，僅在臺灣省政府制訂的《臺灣省推行「三七五」地租工作實施計畫》有以下的規定：「耕地租賃最短年限為三年，由各縣市斟酌規定，以防地主任意撤佃。」因此，每個縣市規定的租期相當不一致，「北部各縣（市）為三年，高雄屏東等縣為五年，臺南嘉義雲林等縣為六年。」[14]

到了 1951 年，只簽三年租約的業主便紛紛要求佃農歸還土地，想取回土地自己耕作。當時法院審理了不少業主要求收回土地的訴訟案

土地正義

件，依法地主大都能順利取回土地，因而造成佃農的恐慌。在此狀況下，政府又於 1951 年 6 月制訂《耕地三七五減租條例》，明白規定租期至少為六年，原訂租約不及六年者，一律延長為六年，在延長期間內，原租約仍繼續有效。

也就是說，直到 1951 年制訂了《耕地三七五減租條例》之後，「三七五減租」才有真正的法源依據。亦即「三七五減租」在缺乏法律依據的狀況下，執行了三年。殷章甫因此認為：「實施『三七五減租』只有行政命令，並不是法律，『三七五減租』的法律，是在民國四十年（1951）才通過，民國三十八年（1949）實施『三七五減租』是犯法的。」[15]

為實施土地改革，刻意強化業佃衝突

國民黨政府還刻意「強化」業佃衝突，強加給我們「地主對佃農的剝削關係」這種觀念。例如，在農復會出版的《臺灣土地改革概要》一書中，開宗明義為地主剝削佃農的論述：

土地本身除了地震海嘯山崩地裂以外，原來沒有什麼問題的。土地之所以發生問題，是由於人與人之間在土地上所建立的關係發生了問題，這是土地制度發生了問題，也就是人與人之間的社會問題。

就農地而論，在不良的土地制度之下，農民所耕種的土地，大都為坐收地租的地主所有，農民胼手胝足、終歲辛勤，其所收穫的農產物中，百分之五十乃至百分之七十作為地租，交付地主。而且地主隨時可以撤佃，土地隨時有被地主收回的危險。佃農在這種惡劣環境之下，生活尚且不能得到保障，還能夠談到改良土地與增加生產嗎？而

地主方面則衣租食息。生活有恃無恐，養成不事生產的習慣，變為社會的寄生階級，不但阻礙了國家的進步，抑且引起社會的不安。所以在今日農村社會裏面不良的農地租佃制度，是土地問題的重心，怎樣改善租佃制度，調整土地分配，以實現國父主張的耕者有其田政策，為土地改革最重要的目標。[16]

我不敢說地主對佃農沒有剝削關係，因為臺灣的佃租確實高，所以「三七五減租」的租約確實對佃農有好處。只是這樣的租額，其實是從清領時期延續下來的，是歷史傳承的遺緒。[17]

從我的研究也可知，地主和佃農的關係其實沒有這麼惡劣。我在論文〈戰後初期臺灣業佃關係之探討——兼論耕者有其田政策〉便指出，傳統業佃關係是一種父權意識形態下的和諧關係，地主依循著歷史傳承經營土地與對待佃農，佃農也依照過往經驗尊重地主，繳交龐大的地租。[18]

佃農之子戴寶村曾表示：「以前佃農對地主很客氣。雖然不一定正式簽約，但也會擔心頭家起佃（按：撤佃）。以前農家養牛、養豬、養鴨、種菜，過年時往往送肉送菜，至少要送鴨給頭家。因為我家的頭家住在街仔（按：市鎮），我們住在鄉下，有時和母親一起送過去，來應門的是我同學時會感到害羞，印象很深。基本上和頭家的關係還相當好。」[19]

進行田野調查時我也發現，佃農與地主之間往往是幾世代的情誼，因此雙方的關係並不至於太過惡化，地主也會有善待佃農的家訓。佃農蘇先生指出：「在我阿公之前就跟他做，差不多有一百多年，到現在還在做。」佃農王先生也說：「我們的田佃攏是從我阿嬤、阿祖的手就開始贌，當然是有感情。」由此可知，雖然地主對佃農收取高額地租，但仍重視佃農的生計，使他們能生活下去，不至於餓死或進行抗爭活動。

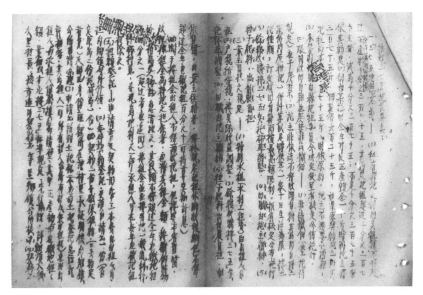

1949 年推行「三七五地租」要點（拍攝於「農為國本：臺灣農業檔案特展」）

　　深坑地主黃世銤受訪時提到：「日本時代田園租給田佃做，原則上採對分。我們對田佃很好，很多佃農做我們的田做好幾代，像六張犁姓蕭的田佃，他們的阿祖開始就是我們的田佃，和我們成為世交。⋯⋯在土地徵收時，他就堅持不接收土地，現在還是我家的三七五佃農。」[20]

　　由於臺灣業佃關係尚稱和諧，因此實施「三七五減租」後大量出現佃農「自動退耕」的情形。根據王長璽與張維光的研究指出：

退耕問題⋯⋯於民國四十年（1951）以前，各縣普遍發生，退耕案件竟達 17000 餘件，情勢相當嚴重，設不加速予以有效制止，則推行「三七五」減租後，反而多數佃農失去耕地，生活艱苦情緒動搖，非

祇減租政策為之破壞，而農村擾攘，可能釀成嚴重之社會問題，實為一絕大之危機。

政府於是規定「今後佃農申請退耕案件一律不准，佃農擅自退耕或地主擅自收回耕地者，均依法論處」[21]。這種自動退耕的現象後來也發生在「耕者有其田」政策實施之時，並成為土地改革政策的一大難題——因為佃農的自動退耕會使土地改革政策欠缺正當性。

業佃租約無落日條款，租額自 1949 年凍結至今

當年「三七五減租」應不應該做？我認為應該做，因為當時租額確實過高，減租之後佃農也非常高興，可惜在執行面有過多瑕疵，造成許多難以挽回的後果。

《耕地三七五減租條例》所訂租額，從 1949 年訂定之後，到今天都沒有變動。1957 年農復會出版的《臺灣土地改革概要》即記載：「臺灣水田旱田，依其土質的好壞，各分為二十六則等。水田的主要作物正產品為稻穀，旱田為甘藷，各等則耕地的全年標準收穫總量，均經分別評定。這項標準收穫量，於 1949 年一經評定，即行凍結，此後不問實際收穫量如何增高，租額均按此標準固定不變。」[22] 因此造成非常大的問題。

為了保護佃農，省政府在 1949 年訂定「三七五減租」時，故意將租額訂得很低，同時也刻意將生產總額壓低，若各縣市誠實回報生產總額，省政府會因數額太高而退回要求低報。因為縣市回報的生產總額已比實際調降，所以地主拿到的租額可能連三成都不到。

由於「三七五減租」立意為佃農設想，不讓地主拿回土地，於是規定土地只要一出租，要拿回土地就很困難，佃農往往變成世襲制度。

土地正義

地主能收回土地的條件只有兩種，一是佃農主動歸還，另一種就是無實際耕種事實。而這些土地比較不會變成所謂的豪華農舍，因為只要沒有耕作的事實，地主就可以依法收回土地。

2001 年修改《農業發展條例》，明訂 2001 年之後的農地租賃制度回歸到《民法》，從此土地出租不再適用《耕地三七五減租條例》；但是在 2001 年之前已簽訂的租約，則繼續使用《耕地三七五減租條例》。土地出租在《民法》中屬於「債權債務關係」，但是在《耕地三七五減租條例》中卻變成「物權」，致使土地租用演變為「世襲制」，我認為這是不適當的。

也許有人會說：「佃農很可憐，需要幫助。」我們也認為佃農可憐，但應該由政府和社會大眾共同來救助，怎麼會要求土地所有權人幫政府承擔社會責任？這不是他們的責任。土地所有權人如果願意，當然很好，但如果他們不願意，就不能強迫他們做善事。

在 1953 年實施「耕者有其田」政策時，地主所擁有超過規定的土地都已被徵收了，照理來說，地主過度持有土地或剝削的問題已經解決了。既然已經不是剝削的地主，那麼地主和佃農都應該被公平對待，根據租佃契約把自己的土地取回，只要雙方都接受就行，為什麼又要求地主不能取回？既然超過三甲的部分已經被強迫徵收，保留三甲以內的耕地又被強迫出租，實在不合理，等於被剝了兩次皮。在這種情況之下，租約怎麼可以繼續下去？

被汙名化與受損害的地主

「三七五減租」還有很多故事。

臺南林顯堃先生是個人持有土地的所有權人，他先後遭遇「三七五

減租」與「耕者有其田」政策，對土地改革很有意見。他的土地現在還有三七五租約，若要解除租約非常困難。即使符合條件解除租約，依照現行法律，還必須給佃農公告現值的三分之一地價做為補償。而且，補償地價是以現在的公告現值計算，所收取的租額卻是 1949 年訂下的租額。但是他們是租佃關係，租約是《民法》關係，基本上是不該補償的，必須補償三分之一地價的規定並不合理。

臺灣一向將地主汙名化，視地主為「黑五類」，即使海峽對岸已經沒有「黑五類」，臺灣卻還延續這個觀念。《耕地三七五減租條例》從 1949 年實施到現在已近七十年，目前仍有三萬多件租約及分別五萬多位的地主和佃農。地主的權益受到損害，我認為應該廢止《耕地三七五減租條例》，把土地的權力還給他們。

1　中央研究院近代史研究所研究員陳秋坤之專書《清代臺灣土著地權》對此有深入討論。陳秋坤，《清代臺灣土著地權》，臺北：中央研究院近代史研究所，2009（修訂三版）。陳秋坤、黃富三、許雪姬和已故的張炎憲曾做過土地研究，但大都是清領時期的研究，日治時期的研究比較少，而張怡敏研究霧峰林家的論文對我幫助很大。

2　李筱峰，《臺灣戰後初期的民意代表》，臺北：自立晚報社文化出版部，1993，頁239-240。

3　王長璽、張維光，《臺灣土地改革》，臺北：臺灣省新聞處，1954，頁 54-55。蕭錚，《土地改革五十年：蕭錚回憶錄》，臺北：中國地政研究所、傳記文學總經銷，1980，頁 342-343。

4　中國農村復興聯合委員編，《臺灣土地改革概要》，臺北，1957，頁 5-6、35。

5　湯惠蓀編，《臺灣之土地改革》，臺北：中國農村復興聯合委員會，1954，頁 15-16。

6　陳淑銖，《浙江省土地問題與二五減租》，臺北縣：國史館，1996。

7　侯坤宏編，〈減租政策宣傳大綱〉，《土地改革史料》，臺北縣：國史館，1988，頁

土地正義

133。

8　中國農村復興聯合委員編，《臺灣土地改革概要》，臺北，1957，頁5-6、35。

9　李筱峰，《臺灣戰後初期的民意代表》，臺北：自立晚報社文化出版部，1993，頁243-244。

10　王長璽、張維光，《臺灣土地改革》，臺北：臺灣省新聞處，1952，頁64。

11　徐世榮、蕭新煌，〈臺灣土地改革再審視──一個「內因說」的嘗試〉，《臺灣史研究》8:1(2001.6)，頁100-103。

12　李筱峰，《臺灣戰後初期的民意代表》，臺北：自立晚報社文化出版部，1993，頁252-254。王長璽、張維光，《臺灣土地改革》，臺北：臺灣省新聞處，1952，頁64。

13　徐世榮、蕭新煌，〈臺灣土地改革再審視──一個「內因說」的嘗試〉，《臺灣史研究》8:1(2001.6)，頁97-98。

14　王長璽、張維光，《臺灣土地改革》，臺北：臺灣省新聞處，1951，頁72。

15　徐世榮、蕭新煌，〈臺灣土地改革再審視──一個「內因說」的嘗試〉，《臺灣史研究》8:1(2001.6)，頁99。

16　中國農村復興聯合委員編，《臺灣土地改革概要》，臺北，1957，頁1-2。

17　張怡敏，〈日治時代臺灣地主資本累積之研究──以霧峰林澄堂系為個案〉，臺北：國立政治大學地政學系，2001。

18　徐世榮、蕭新煌，〈戰後初期臺灣業佃關係之探討──兼論耕者有其田政策〉，《臺灣史研究》10:2(2003.12)，頁42-44。

19　張炎憲、高淑媛採訪記錄，《衝擊年代的經驗：臺北縣地主與土地改革》，臺北縣：臺北縣立文化中心，1996，頁263。

20　張炎憲、高淑媛採訪記錄，《衝擊年代的經驗：臺北縣地主與土地改革》，臺北縣：臺北縣立文化中心，1996，頁23。

21　王長璽、張維光，《臺灣土地改革》，臺北：臺灣省新聞處，1951，頁160-162。

22　中國農村復興聯合委員會編，《臺灣土地改革概要》，臺北，1957，頁7。

人生有幾個六十年？
——為「三七五地主」請命！

　　歲末寒冬，伴隨著經濟的不景氣，讓許多人覺得這個年相當的難過，在這個時候，更有一群年齡約七、八十歲的老人家，他們的內心相當的焦慮，很擔憂在他們有生之年無法收回自己的土地，而他們已經等待快六十年了。

　　人生有幾個六十年？又為什麼他們無法收回自己的土地？這涉及了過往的土地改革政策。民國四十年，在國共對峙的緊張時刻，政府為了籠絡佃農，制定了「耕地三七五減租條例」，強制規定在民國三十八年出租的農地，必須繼續出租，不得收回，縱然該條例有土地收回的規定，但卻異常嚴苛，農地出租人根本無法適用。雖然該條例也規定雙方每六年換約，但是，不論農地出租人願不願意，這個租約皆必須簽署，並不斷持續下去，而且承租權是可以由下一代繼承的。

　　民國四十二年（一九五三），政府更進一步制定「實施耕者有其田條例」，在這條例中竟然寬鬆的定義，只要是把土地出租予他人耕作，不論其出租土地面積的多寡，皆是「地主」。因此，許多農地出租人所擁有的農地面積縱然是低於一甲，但是在此定義下都變成了萬惡不赦的「地主」，從此被貼上了剝削階級的標籤。

　　上述對於「地主」的定義其實是很不恰當的，這也與國民政府以往在中國對於「地主」的定義完全不同。簡單的說，臺灣農地所有人的土地面積大抵都是非常狹小，根本不夠資格被稱之為地主，但國民政府遷台後，卻故意在臺灣創造出不一樣的類別，並欲除之而後快。如今

三七五減租政策大抵已經實施了六十年，根據內政部資料計算，目前每一出租農戶所擁有的面積約僅有二分地（0.2甲），這個面積連蓋一棟農舍都不夠（需0.25甲），怎麼夠資格被稱之為「地主」呢？

當民國八十九年《農業發展條例》修正，明白規定以後農地租賃不再適用《三七五減租條例》時，其實也隱藏了重要意涵，那就是三七五減租政策的繼續施行是非常缺乏正當性的。如今，這一期的六年租約即將到期，距年底也僅剩三天，縱然司法院大法官早已有五七九、五八〇及五八一解釋文，但是行政部門卻依舊不動如山，這實在讓人不解。

兩岸已經解凍，國民黨大員都能夠與共產黨高層寒暄送暖並相互擁抱，戰後初期因國共戰爭所刻意製造出來的階級仇恨是否也該放下了？所謂解鈴仍須繫鈴人，政黨輪替後，此刻應是適當時機了，我們又何忍讓這群老人家繼續苦等下去？他們又撐得了下一個六年嗎？敬愛的馬總統，人生又有幾個六十年呢？

2008 年 12 月 29 日發表於《自由時報》

第三章
耕者有其田

推行「耕者有其田」的背景

　　國民政府推行土地改革的部分原因，是要和中共爭奪真正土改者的地位。蔣介石有非做不可的動力，因為中共的土地改革問題很大，他們直接將地主拉出來鬥垮，國民政府擔心中共的土地改革會對臺灣的農民造成影響，因此急著早一步執行，以證明自己的土地改革比中共好。於是在 1952 年，蔣介石在國民黨內部下令，要求在 1953 年完成「耕者有其田」。

　　當時國民黨一直對外宣傳，中共的土地改革是血腥暴力，有些地主被打死，也有很多地主自殺。在《自由中國日本與中共匪幫之土地改革的比較》一書中，記載了中共《土地改革法》第三十二條：「……嚴禁亂捕、亂打、亂殺及各種肉刑與變相肉刑」，可知中共的土改經常出現上述的行為，因此中共才需要明令禁止。[1]相較之下，臺灣的土地改革和平進行，而且大家能接受，這很不簡單。然而，因為籌備時間太短，很多事情未妥善處理，以致產生很多嚴重的後果。

　　國民政府推行「耕者有其田」的另一個前提，是要處理地主和佃農

不公平分配的問題。中國農村復興聯合委員會的《台灣土地改革概要》一書的序言，即在說明土地改革的目標：

> 就農地而論，在不良的土地制度之下，農民所耕種的土地，大都為坐收地租的地主所有，農民胼手胝足、終歲辛勤，其所收穫的農產物中，百分之五十乃至百分之七十作為地租，交付地主。而且地主隨時可以撤佃，土地隨時有被地主收回的危險。佃農在這種惡劣環境之下，生活尚且不能得到保障，還能夠談到改良土地與增加生產嗎？而地主方面則衣租食息。生活有恃無恐，養成不事生產的習慣，變為社會的寄生階級，不但阻礙了國家的進步，抑且引起社會的不安。所以在今日農村社會裏面不良的農地租佃制度，是土地問題的重心，怎樣改善租佃制度，調整土地分配，以實現國父主張的耕者有其田政策，為土地改革最重要的目標。[2]

1948 年 10 月，「中國農村復興聯合委員會」（簡稱「農復會」[3]）在中國南京市成立，一開始成立的主要目的是促進農業生產，對於地權改變的問題著力並不深，後來因為發現地權的分配與改變很重要，才在宗旨中將生產與地權分配並列。

農復會首任主委蔣夢麟曾於 1949 年 2 月 21 日從上海搭機來臺，與當時的臺灣省政府主席陳誠等人，洽商籌設農復會臺北辦事處，並在會談過程中取得推動土地改革的共識。於是，農復會從 1951 年實施的「公地放領」政策，開始介入土地改革。農復會曾在報告中表示自己為後勤支援，主要是提供經費，如受訓與出差等費用，政策制訂與執行則由國民黨全權處理。由此可知，土地改革主要推動者是國民黨。[4]

1948 年臺灣與美國成立農復會之換文公告（拍攝於「農為國本：臺灣農業檔案特展」）

耕者有其田

57

蔣介石極力爭取美國的支持

　　蔣介石急著推行「耕者有其田」政策的另一個原因，是要爭取美國的支持，所以要讓美國知道我們比中共好。國民政府在 1949 年撤退到臺灣，美國的影響很大，農復會背後的支持力量就是美國。曾經有段時間，美國對蔣介石非常不滿意，打算放棄蔣介石，不久後韓戰爆發，美國為了防止中共向東擴張，因此聯合日本、南韓、臺灣，採取圍堵政策，可以說韓戰救了蔣介石。

　　在新聞局出版的《臺灣土地改革》中，刊載了陳誠發表《耕者有其田條例》草案時的書面談話，就明確提到中共與臺灣土地改革的差異：

> 就方法而言，共匪係以清算鬥爭與殺人流血的方法，強制沒收地主所有的土地；它們不僅不予地主以補償，且要瓜分地主的房屋、傢俱、衣服及其所有的一切，最後還要地主賠出自己及其家屬的生命。我們推行土地改革，係本著合情合理合法的原則，循著和平漸進的路線，把地主所有的土地逐漸轉於耕者之手。我們不僅要予地主以適當的補償，而且還要以積極的方法輔導地主從事工業，謀求經濟上的發展。就結果而言，共匪推行所謂「土改」，結果造成了流血鬥爭、飢饉死亡、社會因此分崩離析，地主因此家破人亡，而農民亦因此被共匪縛在集體農場的桎梏上，喪失人格，喪失自由、喪失生存權利，永遠替匪幫當砲灰做牛馬。我們實行土地改革的成就，第一是由於國父給我們創立了最正確最進步的「耕者有其田」政策，第二是由於總統的領導和督促，第三是由於人民的擁護與地主的合作，第四是由於各級政府的熱忱努力與農復會的配合與協助。
>
> 土地改革的成就已經為自由中國帶來了光明，同時也為整個社會帶來

了安定和進步。我們不僅拿事實否定了共匪暴力革命的謬論,同時也為整個世界解決土地問題,尤其是對中東與亞洲各國,提供了一個正確的途徑與最好的先例。[5]

　　臺灣的土地改革獲得了美國認同,因此在 1960 年代與美國成立「桃園土地改革訓練所」(現稱「國際土地政策研究訓練中心」),目的是為了幫助落後國家訓練土地改革的人才,宣揚臺灣的土地改革,但至今沒有一個國家仿效成功。臺灣將土地改革視為技術問題,但土地改革成功的關鍵其實在政治。

「耕者有其田」實施前的土地調查

　　臺灣的物權概念引自日本,日本在明治維新時期將歐陸法──主要是德國體系──帶回日本,後來又把歐陸法體系帶到臺灣,臺灣的土地所有權概念因此跟著慢慢轉變。

　　日本統治臺灣初期,臺灣社會仍存在許多傳統舊慣,無法在短時間內完全釐清,總督府於是在 1910 年 4 月成立「臨時臺灣舊慣調查會」,邀請岡松參太郎、愛久澤直哉、織田萬等學者專家,就各專業領域進行調查與編纂,並於 1914 年出版《臺灣舊慣調查事業報告》,若有相關爭議時,可以此做為法官判決的參考依據。[6]

　　日治時期共進行了三回土地調查。第一回「臨時台灣土地調查」(1898-1904),在西部平原地區調查,1904 年調查完成;翌年頒布《土地登記規則》,廢止臺灣傳統的大租、小租的土地租佃制度。第二回「台灣林野調查事業」(1910-1911),則針對西部的淺山;林野調查後,將土地區分為「要存置林野」和「不要存置林野」兩類。「要存置林野」

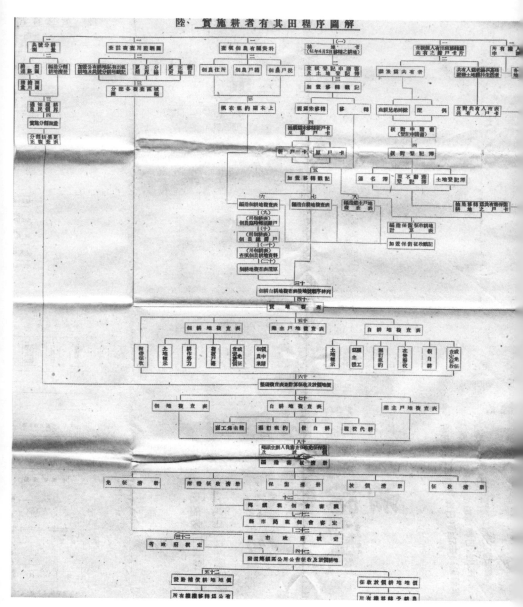

實施耕者有其田程序圖解

表 3-1 日治時期東台灣調查事業簡表

執行時間	項目	備註
1898-1904	臨時台灣土地調查事業	未及東部
1910.11-1914.02	台灣林野調查事業	花東兩廳完成土地整理事業調查（1910/11-1914/02）
1916.09-1922.02	官有林野整理事業之土地台帳未登錄地調查	僅在花東地區執行，做初步地籍整理，分三階段完成
1925-1935	森林計畫事業	第一次施業案編定
1939-1945	第二次森林計畫事業	第二次施業案編定

資料來源：張雅綿，《失序的森林：日治末期太魯閣林業開發》（花蓮：花蓮縣文化局，2012），頁 44

等同於現在的保留地，依各地環境、植被、坡地與水土保持等理由而限制開發；相反地，「不要存置林野」就是可以申請開發的區域。

1898 年進行土地調查時，花東地區因原住民反抗，治安狀況不佳，故調查未及於花東地區，直到 1911 年才完成土地整理事業調查。第三回「森林計畫事業」（1925-1935）執行期間，初步整理花東地區的地籍資料，並根據調查結果增加介於開發與不開發之間的「準要存置林野」，也就是現在的原住民保留地。

土地總登記

日治時期的土地買賣，只要買賣雙方講好即可生效。到了戰後，國

民政府帶來新的土地登記制度，土地制度由原先的契據制改為登記制，並於 1945 年公告，土地買賣必須到地政事務所登記，否則無效。1947年進一步實施「土地總登記」，將未登記的土地收歸國有。但因為戰亂，而且大部分的臺灣人不懂中文，導致訊息未能順利傳達給地主，加上「二二八事件」的衝擊，很多人都不敢出面登記。因各種種原因沒有登記的土地，在 1947 年後變為國有地，造成往後非常多難以解決的問題，尤其是對土地使用者權益的損害。

例如在苗栗縣崎頂一帶，當地居民的祖先很早就來這裡耕種，但因為沒有在 1947 年以前登記，一律被列為國有土地，面臨被收回的命運。

日治時期的「地目等則」將水田和旱田分別設立「田地目」、「旱地目」，水田分為二十六個等則，一到十二是上等水田，十二到十八為中等，十八到二十六是下等水田。雖然「地目等則」現已廢除，但 1950 年代的土地改革仍以日治時期的「地目等則」為基礎，在水田與旱田兩個地目實施。

國民政府規定，個人私有土地可以保留中等水田三甲，若為上等水田則減半（一甲五分），下等水田則增加一半為四甲五分。[7] 但臺灣有很多地方是上等水田，尤其臺中地區幾乎都是上等水田，所以個人土地能保留的數量相當有限，若擁有的土地為共有而且出租，就會依規定全部徵收。

地籍總歸戶

以前臺灣的土地資料都由各縣市分別登記管理，假設地主 A 在臺北、桃園和新竹擁有土地，因為這些土地的地籍資料是分開登錄的，所以無法確知 A 所擁有的土地總量。所以在實施「耕者有其田」以前，

必須整理彙編全臺的土地資料。也就是將同一所有權人的土地，經由「歸戶」的動作，統一於一戶名下。

　　以前沒有電腦，當時完全以人工統計地籍資料。一位參與過地籍總歸戶工作的長輩，曾經對我說明「地籍總歸戶」的做法：政府將各縣市的地政人員集合到基隆，在大禮堂裡唱名。譬如叫到霧峰林家的「林獻堂」，所有縣市的負責人就開始翻找卡片，看到有他的名字的卡片就舉手喊「有」，然後登記土地數量，如此一來便可統計林獻堂名下的土地有多少。

　　中國農村復興聯合委員會彙編的《臺灣土地改革概要》中，對「地籍總歸戶」有以下說明：

> 台灣的地籍制度，在日治時期，已有相當基礎。關於地籍測量與土地登記制度，也比較完備。土地登記制度，是以「土地登記簿」為基礎，而這項冊籍……乃以土地為經，以所有權人為緯而登記的一種薄冊，所以土地登記簿，俗稱為「坵領戶冊」。以所有權人為經，而以土地為緯的「戶領坵冊」，在實施土地改革以前的台灣，尚付缺如，這項戶領坵冊的編造就是「地籍總歸戶」。
>
> 地籍總歸戶是將同一所有權人的土地，經過歸戶的手續，歸入於一戶名下，由一鄉而一縣以致於全省。……辦理地籍總歸戶，就等於對於地主所有土地的總清查，經過此次總清查，我們對於土地的分配狀況，乃有明確的數字，作為實施土地改革的張本。
>
> 地籍總歸戶採卡片制度，分「土地登記卡」與「土地所有權人歸戶卡」二種。地籍總歸戶工作（民國）四十一年完成後，全省造成土地登記卡約五百萬張，這代表有四百多萬筆已利用的土地狀況；造成所有人歸戶卡約一百萬張，這代表八十三萬餘戶土地所有人的狀況。[8]

地籍總歸戶的統計資料，是「耕者有其田」政策得以成功推行的關鍵因素之一。從《臺灣土地改革概要》對「地籍總歸戶」的說明可知，1952 年 4 月完成「地籍總歸戶」的工作，臺灣有登記的土地近五百萬筆，歸戶卡大約一百萬張，和日治時期三次調查的結果大致相同（見表 3-2）。依《耕者有其田條例》的之規定，個人超過中等水田三甲的土地就會被徵收，而在地籍總歸戶後，便可根據統計徵收超過規定的土地，因此「耕者有其田」政策得以徹底推行。

「耕者有其田」政策的問題

「耕者有其田」主要有兩位執行者，一位是地政局局長沈時可，另一位則是農復會土地小組組長湯惠蓀。湯惠蓀後來擔任中興大學校長，惠蓀林場的名稱就是因為他到林場時不幸因心肌梗塞過世，故以其名來紀念他[9]。

當時地政局的權力很大，可以不理會主管機關民政廳，而直達中央。《耕者有其田條例》的中央主管機關為內政部，地方的主管機關竟然是臺灣省政府民政廳的地政局——過去從沒有一個法令的地方主管機關是「省政府民政廳地政局」，一般都是「臺灣省政府」。《耕者有其田條例》可說是為地政局專設的法令。

由於《耕者有其田條例》的條文比較抽象，執行時必須配合《耕者有其田施行細則》來規範執行方式。正常的行政程序是由民政廳地政局草擬《施行細則》，呈報省主席吳國楨，再由省政府公告《施行細則》，但吳國楨對土地改革有不同的意見，一直押著《施行細則》不公告。1953 年，蔣介石趁他到美國時，編個罪名把他的省主席職位拿掉，才公告了《耕者有其田施行細則》。

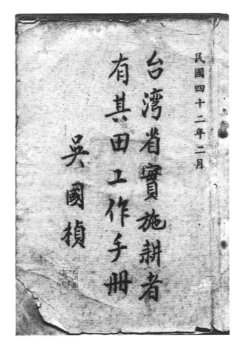

台灣省實施耕者有其田工作手冊，1953 年 2 月

　　吳國楨的政治派系屬於宋美齡，他是美國普林斯頓大學政治學博士，蔣經國曾認為吳國楨是美國栽培要取代他的人。吳國楨被卸除省主席的職位後，一直待在美國沒有回來。

法令的頒布與實施，不符程序正義

　　雖然吳國楨不公告《施行細則》，但蔣介石已經下令必須在 1953 年完成「耕者有其田」，所以地政局早已安排好時程，也編寫了《工

作手冊》，1953 年 1 月開始從全臺調地政人員到臺北陽明山中山堂訓練。土地徵收和放領都必須編寫清冊，但那時地政人員不敷使用，於是徵調國小老師及其他行政人員來幫忙。

人員一受完訓，就回到各縣市推行「耕者有其田」，但此時《施行細則》還沒公告。直到 1953 年 4 月 23 日《施行細則》公告時，執行單位才發現《施行細則》與地政局編寫的《工作手冊》內容不吻合，而土地徵收公告訂在 5 月 1 日，雖然不可能在八天內重新調查整理清冊，但大家只好硬著頭皮幹下去。

直在 1953 年 4 月 23 日才公告《耕者有其田施行細則》，這個時間點很重要。《施行細則》規範了「耕者有其田」政策的實際執行準則，不可能在公告後的八天內完成前置作業，如期在 5 月 1 日開始徵收土地。由此可知，「耕者有其田」政策的前置作業早在 1953 年初就開始執行了，它是沒有法律依據的違法政策。

那時候政府主要有兩個「耕者有其田」考察團：一個是中央及相關單位派遣人員所組成的「台灣省實施耕者有其田聯合督導團」，在 1953 年 5 月組成，共進行了兩期 76 天的考察行程，第一期 6 月 7 日至 7 月 12 日，第二期 9 月 14 日至 10 月 24 日。另一個是「立法院內政委員會考察團」，由內政部邀請與農復會贊助經費，在 1953 年組成，從 7 月 21 日開始進行 17 天的考察。[10]

省政府民政廳地政局同仁所寫的「台灣省實施耕者有其田聯合督導團考察報告」有所保留，雖欠缺清楚的說明，但報告中的批評已透露出很多訊息。以下引用考察報告的總論第二點和第三點，即點出「耕者有其田」的問題，並希望政府即早研擬補救措施：

（二）因為時間匆促，準備工作不夠充分，地政制度尚未建立，地政

1953 年 6 月 7 日，陳誠與「台灣省實施耕者有其田聯合督導團」合影，前排坐者（自左至右）：
唐棣（中央第四組專門委員）、鄧文儀（團長）、陳誠（行政院長）、劉桂（經濟部參事）、林詩
旦（農復會技正）。（中央社提供，沈鑫南攝）

　　執行幹部素質不齊，宣傳教育工作未能普及深入，故在耕者有其田工
作實施上，尚多感不足之處，所幸各方工作配合連繫良好，工作人員
辛勤努力，故尚能達成任務。

（三）目前政策推行已至重要階段，需要切實檢討，本團考察所得之十項
問題及其他特殊問題與附帶有關業務考察問題等，希望政府賜予考慮，
並酌採本團處理意見，設法糾正錯誤，或研究補救辦法，以收攬人心，
擴大政策之影響，免由於若干細小問題，不予解決，引起社會發生不公
平不合理之批評，予反對者以口實，而影響政策之發展與成功。[11]

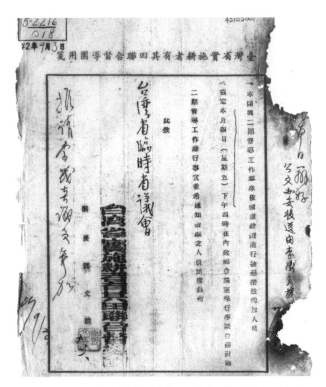

1953年9月3日，臺灣省實施耕者有其田聯合督導團函請臺灣省臨時省議會派員參加該團第二期督導工作，省議會推請議員李茂炎參加督導工作。（中研院臺史所檔案館提供）

　　最嚴厲的批評來自「立法院內政委員會考察團」的報告，文中直接表明「耕者有其田」政策的執行有許多問題，但考察報告被列為秘件，我曾經在「私立中國地政研究所」[12] 看過唯一的孤本。所幸鄧文儀先生編纂的《台灣實施耕者有其田紀實》書中，留存了「臺灣省實施耕者有其田聯合督導團」與「立法院內政委員會考察團」的報告內容，即使我

　　　　　　　　　　　　　　　　　　　　　　　　土地正義

們現在看不到原始版本，但至少還能看到考察報告的內容，值得慶幸。

「立法院內政委員會考察團」的報告內容對「耕者有其田」的實施，批評得非常嚴厲，認為問題非常大，包括行政不合法、剝奪社會弱勢，很多人都非常可憐，不應該這樣對待他們。「耕者有其田」政策以行政命令改變立法，有程序不正義的問題。「命令變更法律」是立法院考察報告中出現的字眼。臺灣現行的法律位階是憲法、法律，接下來才是行政命令，但是「耕者有其田」政策卻是命令大於法律。

「立法院內政委員會考察團」報告的第一點，就明確點出「耕者有其田」政策的「執行」依據問題，內容如下：

（一）基層執行幹部之訓練，均在細則公布前訓練完成：查所謂基層幹部訓練，實包括各縣市地政科及地政事務所選送幹部，由省主辦之訓練及由縣市主辦之執行幹部鄉鎮區人員、輔助人員、村里人員等各項業務講習。其訓練或講習內容，自非側重理論，而係以實施耕者有其田各項法令及「工作須知」等，如「計算征收放領須知」、「附帶征收須知」等為主。其訓練時間，又均在細則公布以前。按細則為依法規定施行程序及詳細辦法之主要政令，細則既尚未公布，則其基層幹部訓練之實際內容，自己失卻正確之依據。

（二）設定耕地征收保留工作，亦在細則公布前辦理完畢：各縣市計算征收耕地保留，分別予以處理設定之工作，均在細則公布前提早完成，已如前述。按是項計算設定工作，為經過實施複查後編造征收保留等清冊之張本，實具有決定性之認定效力，非特關係人民權益，抑且影響政府威信及政策之推行。是項設定工作，在實際執行時，細則既未公布，則所謂「設定征收保留法令」自未包括本條例台灣省施行

細則在內。而有關耕地征收及保留之實際標準，何所依據，自亦發生問題。此一問題之發生，其性質已超出事務性或技術性之業務範疇，應在政策性之基本原則上，予以重視。

（三）老弱孤寡殘廢保留耕地之申請及核定，亦在細則公布前辦理完畢：關於各縣市規定老弱孤寡殘廢保留耕地之申請期間，已如前述。其核定工作，各縣市均係受理申請後，隨時辦理，故申請案件均於細則公布前處理完畢。依本條律第八條第二項，對老弱孤寡殘廢之保留耕地，除規定以「藉土地維持生活」為唯一要件外，並無任何限制。但各縣市對於是項工作之執行，既未依據條例，而當時細則又未經公布，則實際執行之依據，自亦頗有問題。

以上所述，均為實施耕者有其田之根本問題，其影響所及，關係政策之推行，殊非淺鮮。以行政觀點而論，此種不當措施，將導致嚴重之後果；以法律觀點而論，則將發生責任問題。[13]

關於「耕者有其田」政策的種種弊端，「立法院內政委員會考察團」的報告寫得最清楚。「立法院內政委員會考察團」最主要的論點為：4月23日才公告「施行細則」，5月1日就開始徵收放領，怎麼可能在這麼短的時間內完成？即使現在使用電腦、通訊軟體，也不可能在八天內完成這麼多進度，這表示很多事情其實早就提前做了，臺灣省政府早已發佈「作業需知」或「作業要點」，也編了很多手冊，但這些「作業要點」和手冊都沒有法令依據。

我所做的研究僅止於考察報告這部分，更多的問題尚未觸及。仔細研讀《台灣實施耕者有其田紀實》中的文獻後，我曾以「立法院內政委員會的密件報告」為主題，在國史館研討會中發表〈立法院認為是命令變更法律──耕者有其田政策法律效力討論〉[14]，雖然只提了幾個問

題，但那些問題是非常嚴重的問題，可惜發表至今回應甚少，孤掌難鳴。

　　過去我也不斷撰文批評「耕者有其田」政策，雖然「耕者有其田」和「三七五減租」政策緊緊綁在一起，但「三七五減租」利大於弊，對地主的傷害沒那麼大，相較之下，「耕者有其田」對地主的傷害非常深。「耕者有其田」實施時，臺灣正處於威權獨裁統治狀態，加上 1947 年發生「二二八事件」──本來省議會議員還踴躍提出建言，但「二二八事件」後大家都不敢講話了。[15]

　　「耕者有其田」的實施過程還有很多故事和細節，也有很多違法的情況。例如，當時除了臺灣省主席吳國楨反對「耕者有其田」政策，省議會和中央持相反意見，國府官員中的臺籍人士民政廳廳長楊肇嘉[16]也非常反對。《臺灣土地改革文集》中就有記載：「當將（耕者有其田）草案送交省政府時，即遭民政廳楊肇嘉廳長擱置，經沈時可局長催請，每次均遭指責，楊肇嘉廳長怒氣沖沖，不予理會。」[17]

「耕者有其田」徵收共有土地，有待商榷

　　臺灣傳統的土地擁有者，一直都是以小地主為主。表 3-2「台灣耕地所有權之分配（1920、1932、1939、1952）」中記載了日治時期的三次土地調查及國民政府時期的調查，從調查中可知，臺灣土地所有權人擁有土地面積在一甲以下者，一直都在六成以上，1952 年更高達七成。因為大家擁有土地的面積都很小，所以臺灣當時夠資格稱為「地主」的人其實不多。

　　在國民政府尚未撤退來臺之前，立法委員在法案會議中對土地改革持保留態度，是在蔣介石的一意孤行下才付諸實行。在當時的草案中徵

表 3-2 台灣耕地所有權之分配（1920、1932、1939、1952）

所有權面積之分級 （單位：甲）	1920 年		1932 年		1939 年		1952 年	
	戶數	%	戶數	%	戶數	%	戶數	%
0-0.5	172,931	42.68	130,732	38.38	186,423	43.22	288,955	47.28
0.5-1	86,711	21.40	71,181	20.98	90,024	20.87	142,659	23.34
1-2	70,739	17.16	63,851	18.74	74,151	17.19	103,416	16.92
2-3	28,412	7.01	27,673	8.12	32,114	7.44	34,762	5.69
3-5	23,276	5.74	22,641	6.65	24,338	5.62	23,762	3.89
5-7	8,989	2.22	9,181	2.69	9,801	2.29	13,588	2.06
7-10	5,902	1.46	6,143	1.80	4,210	1.44		
10-20	5,454	1.35	8,852	1.72	5,416	1.26	12,685	0.60
20-30	1,353	0.33	1,594	0.47	1,489	0.35	732	0.12
30-50	842	0.21	1,051	0.31	845	0.19	372	0.06
50-100	376	0.09	514	0.15	383	009	196	0.03
100	196	0.05	261	0.08	272	0.06	66	0.01
合計	405,181	100	343,674	100	431,366	100	611,193	100

資料來源：王益滔編著，《王益滔教授論文集》第一冊（臺北市：梅枝圖書印刷電腦排版有限公司，1991），頁 174、195。轉引自徐世榮，〈被操弄的農戶「分類」——以臺灣土地改革為例〉，《臺灣史學雜誌》4，2008 年 6 月，頁 39-40

收的是臺灣的土地，雖然立法院內政委員會成員大部分是外省人，但委員們也看不過去。他們反對《耕者有其田條例》的理由之一，或許是擔心未來反攻大陸後，《耕者有其田條例》會在全中國實施，而一旦用在全中國，《耕者有其田條例》的許多規定就顯得太嚴格了。

《耕者有其田條例》的名稱原為《扶植自耕農條例》。草案擬定完成後，依照一般行政程序，應該先送省議會審核，通過後再送內政部。但當時的行政院長陳誠同時將草案送給省議會和內政部，意思是就算省議會不同意也沒關係。這是不合理且不合法的行政程序，只是形式上讓省議會表達意見，其實草案已經直接送給內政部辦理了。而內政部也不理睬省議會的結論，在 1953 年 1 月逕將《扶植自耕農條例》改成《耕者有其田條例》，送到立法院。

《耕者有其田條例》草案送到立法院時，也遭到內政委員會的反對，參與「內政考察團」的委員楊寶琳就很反對，蔣介石為了調解紛爭，於是把內政委員找到總統官邸二樓開會。會中蔣介石震怒，從此委員全都噤聲了。1953 年 1 月，立法院加開會議通過《耕者有其田條例》。當時擔任地政局長的沈時可在回憶錄中，記錄了立法院通過條例的那段歷史。[18]

推行《耕者有其田條例》最主要的爭論點，在於是否徵收「共有耕地」。省政府民政廳地政局原先擬定的條例《扶植自耕農條例》中，規定個人擁有土地可保留二甲，超過二甲就全部徵收，分給佃農。[19] 而當時人在日本的林獻堂曾經表示，「共有耕地」都是小面積的土地所有權人，不同意徵收「共有耕地」，建議將容許個人保留的三甲中等水田改為二甲，以增加徵收面積，但政府相關單位不予採納，原因是臺灣地主太少——真正擁有大面積的土地所有權人太少了。從 1952 年的調查資料（表 3-2）即可看出，臺灣擁有二甲以下土地的持有者，比例高

達 87%，即使只保留二甲，徵收的土地面積還是很少，不到總徵收土地的七成。

從表 3-3「台灣省實施耕者有其田徵收各類耕地面積及地主戶數（1953 年）」可知，全臺被徵收的「個人有耕地」只有三萬多甲土地，當時國民政府認為，為了三萬多甲土地而實施「耕者有其田政策」，實在是大費周章，理由也不夠充分，於是堅持把比例最多的「共有耕地」納入徵收。所以「耕者有其田」實施後，共徵收 143000 多甲土地，其中「共有耕地」佔 99796 甲，比率接近 70%。

「耕者有其田」所徵收的土地主要有兩種：一是個人持有的土地所有權人，可保留的土地面積為中等水田三甲，或是中等旱田六甲；第二種是地主所擁有土地屬於共有土地且正在出租者。而「耕者有其田」政策徵收土地所產生的問題就出在第二種。「耕者有其田」政策徵收的十四萬多甲土地，其中有 99700 多甲來自共有出租耕地，實在太嚴重了，所以當時常常有土地所有權人到地政事務所哭訴。在《臺灣實施耕者有其田記實》中，有以下這段記載：

> 依共有耕地現有資料統計，其持分面積，以在一甲以下者最多。此乃本省人多地少自然分配現象。是項共有耕地，因為辦理地籍總歸戶，缺乏基本步驟，實為此次實施征放之先天缺陷；又因急於消滅此項共有制度，一切不願考慮。遽爾處理，問題叢生。各地對此，無不激烈反對。紛紛請願無已；曾親聞：有到地政事務所，到縣政府跪哭哀求保留者，如彰化縣長陳錫卿面述此項事實，言之慨然！[20]

臺灣土地持有的特徵是共有土地相當多，包括繼承的共有地、兄弟不分家的家產，或者日治時期因為土地昂貴，常有朋友集資購買土

表 3-3 台灣省實施耕者有其田徵收各類耕地面積及地主戶數（1953 年）
（面積單位：1 甲＝ 14.548 畝）

類別	被徵收耕地		被徵收耕地地主	
	面積	百分比	戶數	百分比
個人有耕地	32,063	22.33%	15,146	14.28%
共有耕地	99,796	69.51%	87,149	82.18%
團體有耕地	11,709	8.16%	3,754	3.54%
總計	143,568	100%	106,049	100%

資料來源：王益滔編著，《王益滔教授論文集》第一冊（臺北市：梅枝圖書印刷電腦排版有限公司，1991），頁 174、195。轉引自徐世榮，〈被操弄的農戶「分類」──以臺灣土地改革為例〉，《臺灣史學雜誌》4，2008 年 6 月，頁 39-40

地、共有分管。因此，政府以土地出租與否為標準，依規定一律徵收，所造成的問題非常嚴重。根據我的研究，共有出租耕地所有權人的土地面積，大都為一甲以下，也就是說，長期以來臺灣土地所有權人擁有的土地面積都很小。

　　例如，一位土地面積只有 0.7 或 0.8 甲的地主，因為將土地出租，就要被政府徵收，並且把這些面積很小的土地放領給佃農，這反而剝奪了小面積土地持有人。而且這些小土地所有權人，有很多是家族安排──例如先生過世，太太靠這塊土地出租維生，卻被冠上「地主」的帽子，剝奪這些土地所有權人的土地權益，因而造成許多悲劇。可惜過去我們都沒有注意到這個事實。

　　土地所有權人擁有土地卻不耕種的原因很複雜。但是在採用「實

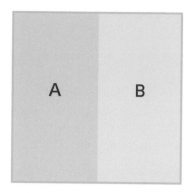

土地「共有分管」示意圖

質論」來定義，不管土地有沒有出租，只要是自己不耕種讓別人耕，就直接認定為出租。當時有些土地所有權人將土地交給親戚或族親耕種，也被視為出租，也因此造成親戚間的不和。

由於蔣介石限期在 1953 年完成「耕者有其田」政策，為了求快而種下法令不周延、不適當的前因，導致現在還有很多問題存在，也產生許多法律訴訟。譬如某一塊土地由 A、B 兩人共有並分別管理，我們稱之為「共有分管」：名義上這塊地是同一個地號，但在共有分管的情形下，左邊由 A 管、右邊由 B 管，兩人各管一半。由於 A 把左邊這塊地出租，於是他的地就放領給當時的佃農，A 領到補償金雖然不多，但 A 的名字仍然在 B 分管的右邊這塊土地上──我們假設都是 1/2。A 本來不知道自己的名字還在那塊地上，A 和 B 的子孫也不知道，直到政府做清查，才發現 A 的名字還在這塊地上面。

因為我們的土地登記制度採取「登記絕對主義」，只要這塊土地上的所有權人有你的名字，你就擁有絕對的權力。於是 A 的子孫就向 B 或 B 的子孫主張自己的權力（雖然 A 管理的左 1/2 已經放領並已得到

土地正義

補償），要與 B 分地。在當事人 A、B 都已過世的情況下，B 的子孫當然認為這塊地是阿公做的，長期以來都是我們 B 家在管，A 家哪有理由來搶這塊地？A 的子孫則緊咬著說：「紙頭上有我阿公的名字。」直到現在，桃園、臺北還有很多這種糾紛，經常打官司，但難有結果，尤其現在地價這麼貴，沒有一方願意輕易讓步或鬆手。

臺灣地主並非西方定義下的「大地主」

臺灣土地改革最嚴重的問題在於：地主其實不是地主。臺灣以前並沒有「地主」（Landlord）這個名詞，我們稱土地持有人為「業主」（landowner，物業管理人、租地給人的人）。「地主」一詞是國民黨帶來的，源自蘇聯在第一次世界大戰時，為了革命需要所創造出來的名詞。西方社會所謂的「地主」，擁有的土地面積非常廣闊，甚至是一望無際的莊園，他們大都住在都市，在鄉村有人幫他們收租，這才是所謂的地主。在臺灣，像郭烏隆那樣擁有超過三甲以上土地的大地主，為數不多，最多的是類似「業主」的小地主——我傾向用「土地所有權人」（landowner）來稱呼他們。

地主的分類非常重要，不能只用土地「出租與否」當做唯一的分類標準，應該以土地面積和「富力」來判斷，區分出大地主、中地主、小地主，富農、中農、貧農等。國民黨其實了解這個原則。1933 年，行政院農村復興委員會在浙江省進行調查前，就先釐清農民的分類——一種是「租佃關係」的分類，另一種是「富力」關係的分類，所得結論是，以「租佃關係」分類並不適當，於是採用「富力」來分類。

這個分類原則到了臺灣卻走樣了。蔣介石為了在臺灣實施「耕者有其田」，把地主的定義無限擴張，土地所有權人只要持有土地

並出租，無論面積多寡，都被認定為「地主」。這樣的定義方式在學術界已被詬病。

《耕者有其田條例》第八條第一款，有關地主的定義，其一為個人擁有土地面積超過中等水田三甲；另一個為土地共有、出租，不論面積多寡，一律徵收。由於國民政府以「出租論」來定義是否為地主，只要所有人的土地是出租而不是自己耕種，不論擁有土地面積多寡，都被視為地主。在臺灣實施土地改革，主要是衝擊到擁有小面積土地的所有權人。

以前我對這些文獻沒有特殊感受，在實際進行田野調查後，才受到非常強烈的衝擊。「耕者有其田」的基礎源自 1949 年「三七五減租」時簽訂的租約，因此只在西部平原的水田和旱田實施。從表 3-3 中可看到，地主總戶數為 106049 戶，其中第一類「個人有耕地」，被徵收耕地的面積百分比為 22.33%、戶數為 15146 戶，比例不高。而徵收最多的是第二類的「共有耕地」，也就是我說的「共有出租耕地」的業主，被徵收耕地面積達 99796 甲，比例幾近 70%，「被徵收耕地地主」戶數達 87149 戶。

相較之下，中國每一個省的面積都比臺灣大好幾倍，但根據主計處調查十一個省、八十九個縣的結果，地主戶居然才 1545 戶（見表3-4），他們對地主的定義和臺灣完全不同，而這才是真的大地主。臺灣才一個省，面積比中國每個省份小很多，地主戶數卻有 106049 戶（表3-3，1953 年），表示他們都是超小地主，這實在是非常不公平。

我研究臺灣共有出租耕地業主後得知，他們所擁有的土地面積大都在一甲以下，根本不能稱為地主，這就是最大的問題。換言之，我對土地改革的結論是：「地主其實不是地主」[21]。

「地主」是國民黨政府蓄意從中國帶過來的詞語，用來形塑或建構

表 3-4 各省之地主及其所有之面積 (1934 年) 面積：畝（1 畝等於 6.144 公畝）

地域別	調查縣數	地主數	每地主所有土地面積
江蘇	8	117	1000-30,000
浙江	13	242	300-500
安徽	9	81	500-10,000
江西	2	34	100-1000
湖北	3	157	500-1,000
湖南	11	122	100-10,000
河北	18	157	300-1,000
河南	8	72	500-45,000
山東	4	49	500-1,000
陝西	8	148	500-10,000
福建	5	281	300-7,000
總計	89	1,545	300-30,000

資料來源：國民政府主計處統計局，《中國土地人口租佃制度之統計分析》（臺北市：華世出版社，1978），頁 62。轉引自徐世榮，〈被操弄的農戶「分類」——以臺灣土地改革為例〉，頁 35

地主和佃農間的剝削關係，在這個概念的影響下，我們若不是很輕易就認定：地主是剝削階級、佃農就是被剝削階級，所以要打倒剝削階級；不然就是把地主想像成霧峰林家、板橋林家……這樣的超大地主，但在

臺灣那是極少數的人（大約只有 5% 左右）。

「耕者有其田」徵收土地所有權人的土地，然後放領給該土地現耕的佃農。但文獻記載，在 1950 年初到 1952 年中，大概有 32.6% 的佃農想把土地還給地主、「頭家」，稱為「自動退耕」。佃農自動退耕讓沈時可和湯惠蓀很緊張，因為國民黨政府不斷宣傳地主殘害、剝削佃農，如果佃農願意將土地還給「頭家」，那就表示這個剝削關係可能不存在，[22] 這和國民黨政府所宣傳的「地主無惡不作，極盡剝削之能事」論述產生嚴重矛盾——如果地主真的剝削佃農，佃農怎麼會願意把土地還給地主？

國民黨政府必須要「強化」業佃衝突，土地改革才有其正當性，於是國民黨政府明令不能退耕，而且再次宣傳，佃農會自動退耕都是因為地主在後面指使——又把地主拿出來鞭打一次。而這種將地主塑造成窮兇惡極的壞人、佃農都受地主欺負的論述，和我的田野調查並不符合。

自動退耕的現象不僅在文獻中有紀載，當我進行田野調查時，也有多位佃農或地主談到此事。一位黃姓佃農說：「我這卡過去有一戶本來也是可以放領，那時就是因為頭家佃的感情真好，所以佃農就不甘也不敢，佃農就想講頭家佃的感情這呢好，因為那時大家攏卡老實、土直，就想講只要有田倘做頭家邁（不要）起佃或加租就好啊，咱邁給他放領，就放棄要給地主保留，到尾呀想錯就太晚啊。那就是業佃的關係真厚才會這樣。」

另外一名佃農，承租臺北大地主郭烏隆的土地，本想放棄承領土地，但政府規定要把三七五租換掉，最後才去承領土地。他說：「我

土地正義

們頭家從我懂事就對咱真好,他被法院封(查封)去的田,他本人拿來賣給我們,我們買才一半錢而已,他就講:『你們從上一輩的人就做到現在,你若是要跟我買就青菜(不計較)就好。』」[23]

申請條件極為限縮的「耕者有其田」補救辦法

因為蔣介石要求「耕者有其田」須於 1953 年完成,時間非常緊急,以致作業上出現許多瑕疵,也引發許多抗議事件,於是政府後來又制訂補救辦法。例如,符合法規卻被徵收並放領的土地,或者老弱孤殘、以土地為生的個人出租地,繼承或共有,共有人的配偶或親兄弟姐妹可以保留中等水田三甲等。[24] 雖然訂有補救辦法,但申請條件卻極度限縮,適用的人很少,即使適用,卻發給三成公營事業股票及七成的土地債券,債券又分兩種:若徵收的是旱田,就給番薯債券,水田就給稻米債券,每年於作物收成時拿債券到鄉公所領番薯或稻米。雖然他們真正想要的是土地,但土地已經放領出去,拿不回來了。[25]

「耕者有其田」補救辦法詳載於《台灣實施耕者有其田紀實》,以下為其中的補救內容與條文修改(表 3-5),從補救內容與條文修改前後對照,可知「耕者有其田」政策的推行過程過於粗糙且不夠完善:

關於老弱孤寡殘廢保留耕地等問題之處理:
實施耕者有其田條例暨台灣省施行細則,在執行過程中,因事屬草創,且時間迫促,準備不足,致發生各項問題……其中老弱孤寡殘廢藉土地維持生活者保留耕地問題,因施行細則規定過嚴,最為各方所指責,民間反應亦極為強烈,行政院經針對實際缺點,訂定補救辦法三原則,令飭台灣省政府辦理:

表 3-5《實施耕者有其田條例施行細則》第十六、十七條修正內容

原第 16 條 修正後第 15 條

修改前	修改後
本條例第 8 條第 2 項所稱之老弱、孤寡、殘廢，係指出租人有左列情形之一而言： （一）年齡在 60 歲以上而無成年子女者。 （二）年齡在 18 歲以下而無父者。 （三）寡婦而負有撫養子女義務者。 （四）患有不治之痼疾而喪失工作能力者。 （五）五官四肢殘缺不全而喪失工作能力者。	本條例第 8 條第 2 項所稱之老弱、孤寡、殘廢，係指出租人有左列情形之一而言： （一）年齡在 60 歲以上者。 （二）年齡在 18 歲以下而無父者。 （三）寡婦。 （四）心神喪失或四肢殘廢或患有痼疾者。

原 17 條 修正後第 16 條

修改前	修改後
本條例第 2 項，所稱藉土地維持生活，係指出租人具有下列各款情形： （一）41 年度全年戶稅負擔總額在 100 元以下者。 （二）無人撫養者。	本條例第 2 項，所稱藉土地維持生活，係指出租人具有下列各款情形： （一）41 年度全年戶稅負擔總額（不包括土地部分戶稅）在 100 元以下者。 （二）無人撫養者

資料來源：鄧文儀編，《台灣實施耕者有其田紀實》，臺北：中央文物供應社，1955，頁 399-401

訂定補救辦法，對應予補救者，除發給地價外，另給地價總額半數之公營事業剩餘股票。

補救範圍：凡依修正細則應行保留之老弱孤寡殘廢出租之共有耕地，而已照原細則征收放領者，一律予以補救。

補救對象：以土地被征收之原地主為優先補救對象，但如承領人自願放棄承領者，除該項土地應仍由承領人承租外，並給放棄承領人以地價總額半數之公營事業剩餘股票。

台灣省政府遵照此三項原則，一方面修正《實施耕者有其田條例施行

細則》原第十六、十七條；一方面制訂「四十二年度台灣省老弱孤寡殘廢共有地主被征收補救辦法」，於一九五四年二月二十五日，同時公布施行。

「耕者有其田」政策即使想對土地被徵收人進行補償，但由於政府財務匱乏，只能以釋出公營事業股票及發行土地債券兩種方式來進行補償。原先規劃釋出的公營事業股票為五家──台灣水泥、台灣工礦、台灣農林、台灣紙業、台灣肥料，但因為台肥很賺錢，政府想繼續擁有台肥，於是很不道德地進行資產重估，重估後把前四家公營事業公司的資產膨脹好幾倍，如此一來就不需要放領台肥股票。《臺灣之土地改革》便記載：

> 為補償徵收耕地之三成地價，政府原決定出售五大公營事業，即台灣水泥股份有限公司、台灣紙業股份有限公司、台灣農林股份有限公司、台灣工礦股份有限公司及台灣肥料股份有限公司。嗣以徵收耕地面積減少，出售其中四公司，已足以補償，乃將肥料公司予以保留。[26]

因為放領的公營股票資產嚴重膨脹，地主拿到的補償都只有票面值的十分之二或十分之一，實際價值非常低。很多人說領到的公營事業股票，就只能拿回家當壁紙貼，也就是現在所說的「水餃股」、「雞蛋股」。由於當時股票很少公開買賣，所以他們都在臺北承德路北邊的後火車站私下交易。不少長輩就從南部搭火車到臺北，在後火車站賣股票，賣掉之後再搭火車回南部。

「耕者有其田」對臺灣社會的影響

承蒙國史館的邀請，我寫了一些與土地改革有關的文章，曾經針對 1953 年立法院內政委員考察團的意見提出討論。[27] 我的看法是，「耕者有其田」政策徵收了這麼多「共有出租耕地」，是非常錯誤、不應該的政策，我對此有很深的感觸。雖然土地改革對佃農助益良多，但不應該如此對待土地所有權人。而且，土地改革後農民的稅還是很重，如果真的要照顧農民，更應該減稅。

當時國民黨政府宣稱：這是不流血、和平式、大家都滿意的土地改革，因為政府有補償地主。但所謂的「補償」並非實質補償，加上當時地價被嚴重低估，對土地被徵收的所有權人來說，是雙重打擊。臺灣存在著一股極度厭惡國民黨的力量，其實和土地改革淵源很深。

當年國民黨政府執意推行「耕者有其田」，與中共爭誰是真正的土改者，同時藉此綁住佃農，成為國民黨的椿腳，這種作法和共產黨相似——只要把土地給農民，農民就會支持。

土地改革掃除了臺灣的經濟菁英

早期的臺灣農村都支持國民黨，與土地改革有很大的關係。「三七五減租」和「耕者有其田」都是對佃農有利的事，而原先的地主、業主或稱土地所有權人，則被剷除了。因此佃農非常擁護國民政府，農會中很多成員都是佃農代表，而早期臺灣的農會、水利會都是國民黨的椿腳。

土地改革對臺灣最大的影響是，在「二二八事件」掃除臺灣的政治菁英後，「土地改革」又掃除臺灣的經濟菁英。「二二八事件」也許只掃除部分政治菁英，我認為真正將臺灣菁英徹底掃除的，是土地改革，許多人因此離開臺灣。

農業社會主要透過農業累積財富，政治菁英與經濟菁英往往有重疊

土地正義

性：財力雄厚的大地主才可能進入臺灣省議會，發言才有分量。土地改革掃除土地所有權人，也就是把臺灣政治和經濟菁英都消滅掉。經過這兩次掃除，臺灣的農村社會一片真空，國民黨趁此真空培養佃農、成立農會，此後農村就完全被國民黨控制。1950 年代的「白色恐怖」，又把從對岸來的知識份子和菁英也掃除掉，國民黨從此就一黨專政了。

1　余鵬，《自由中國日本與中共匪幫之土地改革的比較》，臺北市，1954。

2　中國農村復興聯合委員會編，《臺灣土地改革概要》，臺北，1957，頁 1-2。

3　「中國農村復興聯合委員會」簡稱「農復會」，1948 年 10 月成立於南京，1949 年 8 月遷臺。農復會是以推動中華民國農村復興為目的而成立的專業機構，依據美國《一九四八年援外法案》（Foreign Assistance Act of 1948）之「援華法案」第四○七款，由中華民國與美國聯合組成。農復會引導第二次世界大戰後臺灣的農業方向。1965 年美援中止後，農復會的經費改由「中美經濟社會發展基金」支出，美方的影響力大為降低，農復會的年度工作方案由中華民國政府全權審核。1978 年 9 月 15 日中美斷交，美方照會臺灣終止雙方農業合作並停派美籍委員，農復會乃於 1979 年 3 月 15 日結束，其後改組為「行政院農業發展委員會」（簡稱農發會），成為政府最高的農業主管部門。1984 年與經濟部農業局合併改組為「行政院農業委員會」（簡稱農委會）。見郭雲萍，〈中國農村復興聯合委員會〉，《文化部臺灣大百科全書》。網址：http://nrch.culture.tw/twpedia.aspx?id=3923（2016/05/10 檢索）

4　黃俊傑，〈肆、戰後初期臺灣土地改革過程中的幾個問題：雷正琪函件解讀〉，《戰後臺灣的轉型及其展望》，國立臺灣大學出版中心，2006，頁 117-125。

5　張維光、王長璽，《臺灣土地改革》，臺北，臺灣省新聞處，1954，頁 3。

6　鄭政誠，〈舊慣調查〉，《文化部臺灣大百科全書》，網址：http://nrch.culture.tw/

7　「甲」為臺灣特有計算農地名稱，據說起源於荷治時期。一甲為 0.96992 公頃、14.548 畝或 2934 坪。沈時可等著，《臺灣土地改革文集》，臺北：內政部編印，2000 年 5 月，頁 21-22。

8　中國農村復興聯合委員會編，《臺灣土地改革概要》，臺北，1957，頁 16-18。

9　蕭錚，《土地改革五十年：蕭錚回憶錄》，臺北：中國地政研究所，1980。

10　鄧文儀，《台灣實施耕者有其田紀實》，臺北：中央文物供應社，1955，頁 294-295。

11　鄧文儀，《台灣實施耕者有其田紀實》，臺北：中央文物供應社，1955，頁 319-330。

12 財團法人中國地政研究所，地址：敦化南路 1 號。

13 鄧文儀編，《台灣實施耕者有其田紀實》，臺北市：中央文物供應社，1955，頁 362-363。

14 徐世榮、周有為，〈立法院認為是命令變更法律——耕者有其田政策法律效力討論〉，《戰後檔案與歷史研究——第九屆中華民國史專題討論會》，臺北：國史館，2007 年 11 月 29-30 日。

15 徐世榮、蕭新煌，〈臺灣土地改革再審視——一個「內因說」的嘗試〉，《臺灣史研究》8:1(2001.6)，頁 102。

16 楊肇嘉(1892-1976)，出生於台灣台中，為佃農楊送之子，1897 年過繼給養父楊澄若。1922 年赴日考察而加入「台灣青年會」，參與台灣議會設置請願運動。1926年，再度赴日就讀早稻田大學，就學期間持續從事議會設置請願運動，在日本朝野間有「台灣獅子」的稱號。1930 年返台，領導「台灣地方自治聯盟」，致力推動體制內的改革，1937 年解散，轉赴中國上海經商。1945 年 8 月，在柯台山的建議下，於隔年二月成立「臺灣重建協會」上海分會，擔任理事長，主要工作為安排旅居中國的臺胞返鄉。1948 年底，返台定居。1950 年其應省主席吳國楨邀請，出任省府委員並兼任民政廳廳長，主要負責縣市長、縣議員、臨時省議員的選舉、執行土地改革，且多次陪同省主席吳國楨到各地視察。1953 年，隨吳國楨去職而辭去民政廳長職務。1962 年，辭省府委員，獲聘為總統府國策顧問。此後雖漸漸退出政壇，歸隱於清水，自號六然居士，自身居所則稱為「六然居」，1976 年病逝。(摘錄自中央研究院臺灣史研究所，〈廳長巡視督導之旅——楊肇嘉〉，「時空旅行」展覽，網址 http://travelingintime.ith.sinica.edu.tw/journey_4_2.php，2016/01/20檢索)

17 沈時可等，《臺灣土地改革文集》，臺北：內政部編印，2000 年 5 月，頁 29-30。

18 沈時可等，《臺灣土地改革文集》，臺北：內政部編印，2000 年 5 月，頁 26-49。

19 《扶植自耕農條例》

20 鄧文儀編，《台灣實施耕者有其田紀實》，臺北市：中央文物供應社，1955，頁 364-365。

21 徐世榮，〈悲慘的共有出租耕地業主〉，黨國體制與冷戰初期海峽兩岸社會經濟發展研討會，臺北：中央研究院近代史研究所，2006 年 10 月。

22 湯惠蓀編，《臺灣之土地改革》，臺北：中國農村復興聯合委員會，1954，頁 29-30。

23 徐世榮、蕭新煌，〈戰後初期臺灣業佃關係之探討——兼論耕者有其田政策〉，《臺

灣史研究》10:2(2003.12)，頁 45-50。

24　中國農村復興聯合委員會編，《台灣土地改革概要》，臺北，1957，頁 19。

25　鄧文儀編，《台灣實施耕者有其田紀實》，臺北市：中央文物供應社，1955，頁
399-402。

26　湯惠蓀，《台灣之土地改革》，臺北：中國農村復興聯合委員會，1954，頁 109-
110。

27　徐世榮、周有為，〈立法院認為是命令變更法律──耕者有其田政策法律效力之探
討〉，《戰後檔案與歷史研究──第九屆中華民國史專題論文集》，台北縣新店市：國
史館，2008，頁 253-288。

第四章

公地放領

1945 年 8 月 15 日，日本政府宣布無條件投降，臺灣最後一位總督安藤利吉發表日本天皇的《終戰召敕》，結束在臺灣五十年的殖民統治。戰爭結束後，經濟部與戰時生產局即於 1945 年 9 月成立「臺灣區特派辦公室」，下設糖業、機電、冶化、輕工業、礦業等五組，接收人員於當年 10 月、11 月先後抵台。

資源委員會與接收臺灣

臺灣省行政長官公署從 1945 年 11 月初開始接收日資企業，由行政院資源委員會與臺灣省行政長官公署合作協調。1946 年 3 月 28 日，資委會副主委錢昌照來臺考察，同年 4 月 5 日召開會議，接受省方意見，在臺灣接辦十項事業（表 4-1）。其中資委會獨辦石油、鋁業、金銅礦等三項事業；糖業、電力、紙業、水泥、肥料、造船及機械等七項則由資源委員會與臺灣省行政長官公署合營（資委會占六成、台灣省行政長官公署占四成），為「國省合營事業」。[1]

表 4-1 台灣十大接收公司一覽表

公司名稱	資產實質（台幣：千元）	佔總額
台灣糖業公司	2,965,286	51.8%
台灣電力公司	1,337,029	23.4%
中國石油公司台灣石油籌備處	163,886	2.9%
台灣鋁業公司	283,724	5.0%
台灣金銅礦業籌備處	112,298	2.0%
台灣機械造船公司	95,129	1.7%
台灣鹽業公司	81,023	1.4%
台灣肥料公司	60,547	1.1%
台灣水泥公司	255,124	4.7%
台灣紙業公司	364,714	6.4%
總計	5,719,760	100%

資料來源：鄭友揆等，《舊中國的資源委員會——史實與評價》，上海：上海社會科學院出版社，1991，頁215。轉引自鍾麗娜，〈國營事業土地處分課題之研究——以台糖土地為例〉，臺北：國立政治大學地政研究所，2002，頁38

　　資源委員會的前身是「國防設計委員會」，原來直屬國民政府參謀本部，職責為研擬全國國防的具體方案、規劃各項以國防為中心的建設事業，並籌擬與國防相關的臨時處置。1935年4月，國防設計委員會與兵工署資源司（原來直屬軍事委員會）合併，改組為「資源委員

台灣中油股份有限公司的商標

會」，隸屬軍事委員會，經辦國防、工礦、事業及全國各生產事業。戰後初期，國民政府接收臺灣公營事業皆隸屬行政院資源委員會。

1952 年，資源委員會歸併經濟部，成為經濟部下設的「國營事業司」，專職辦理國營事業的督導管理等工作。1965 年再度改組為「經濟部公營事業企業化委員會」，強調以企業化的精神，促進各事業的發展。後因人力有限，加上與國營事業的聯繫協調不足，以致功能難以彰顯，於是在 1969 年 2 月再度改組，成為現在的「經濟部國營事業委員會」[2]。

資源委員會的權力非常大，最初成立的目的是為了開發中國的工礦，為蔣介石換取戰爭所需軍火。資委會也常派員赴美進修，如孫運璿等人就是資委會派赴美國的工程師，而台電早期的工程師也多來自資委會。資委會在臺灣各地都留下明顯的印記。戰後由資委會接收的中油，商標下方的「資」字代表的就是資委會，那就像是殖民的印記。

表 4-2 台灣製糖業四大會社土地面積統計表

會社名稱	土地面積（公頃）
日糖興業株式會社	23,456
台灣製糖株式會社	49,416
明治製糖株式會社	23,792
鹽水港製糖株式會社	16,898
合計	113,563

資料來源：台糖公司編印，《台糖五十年》（臺北：編者，1996），頁 25。轉引自鍾麗娜，〈國營事業土地處分課題之研究——以台糖土地為例〉，臺北：國立政治大學地政研究所，2002，頁 39

台灣糖業股份有限公司

　　戰後，國府各部門搶著接收臺灣，行政院資源委員會在 1945 年 12 月 1 日就派了「臺灣工礦事業考察團」來考察，考察報告中明確表示：臺灣的工業經濟以糖業為中心，其餘工礦業基礎均不佳，無發展前途。於是資委會在同年 12 月 22 日簽報行政院，表示要接收台糖。行政院同意並批示：「暫委資源委員會代政府全部接收經營，臺灣長官公署、省銀行及蔗農合作社均暫不加入資本。」也就是說，在未徵得臺灣省行政長官公署同意前，資委會就搶先取得當時臺灣最重要的事業[3]。

　　國府的糖業接管分為兩個階段：先監理，後接管。1945 年 11 月 26 日組成「糖業監理委員會」，12 月 1 日開始監理工作，1946 年 4 月由監理委員會改組的「糖業接管委員會」正式接管日本四大糖業會社

（表4-2），由資委會和臺灣省行政長官公署合辦「台灣糖業股有限公司」，雙方股份為六比四（資委會六成、台灣省行政長官公署四成）[4]。

1946年1月，「台灣糖業股份有限公司」在上海成立，募集當地民股來開發臺灣糖業。當時台糖在上海有3%的民股，因為大部分的人都沒來臺灣，所以這些民股的股利永遠都發不出去，這讓臺灣民眾有很深的負面感受，認為這和殖民有何不同？

台糖與「二二八事件」有很深的關係，而「二二八事件」中的查緝走私香菸只是一個引爆點。戰後初期，中央要求台糖將日本留下的砂糖精煉後運到上海銷售，所得繳入國庫，台糖不得販售新糖。此舉造成中央收入增加、地方無糖可賣的狀況，加上民間謠傳陳儀私下送了十五噸糖給中央，導致糖價上漲、地方財政困難，因而埋下民怨。二二八事件爆發後，中央派白崇禧來臺調查，才發現這十五噸繳歸中央的糖，竟是造成民怨的導火線，白崇禧於是建議蔣介石，將所剩一半的糖撥還給台糖公司，以息民怨。[5]

但影響臺灣至深的，終究還是土地問題。其中尤為可惡的是，台糖當初取得土地的手段不太正當。戰後國府接收的十八萬甲公有耕地當中，日本糖業株式會社土地占了近十二萬甲。這涉及了日治時期的歷史。

日治時期，臺灣原有很多舊式糖廍，日本政府將其合併為台灣、明治、鹽水港、大日本（簡稱「日糖」）四大製糖株式會社。製糖株式會社所使用新式製糖機器，和傳統糖廍的製糖技術完全不同，新式機器需要大量且穩定的甘蔗，日本政府為了控制甘蔗產量並穩定來源，因而有原料採收區的規畫。

臺灣農業向來就有「米糖相剋」的現象。稻米價格高時，農民就會競相種稻，製糖工廠就沒有足夠的甘蔗原料可用。為了確保穩定的甘

車列原運之ㄏ甘蔗 (雄高)
THE TRANSPORT TRAIN AND THE SUGAR-CANE (FORMOSA TAKAO)

日治時期的糖廠引進新式的製糖機器，鐵路也直達糖廠，以蒸汽火車載運原料和成品。
（國立臺灣歷史博物館提供）

蔗產量，製糖會社大都透過總督府強迫徵收，或以低廉的價格收購生
產區的土地。收購、徵收土地之後，為了防止農民抗爭，於是讓原來
的土地所有權人繼續留下來耕種，並要求他們繼續種甘蔗，這些農民
的身分便由土地所有人變成佃農。

　　1948年10月16日臺灣省主席〈函知台灣糖業公司土地產權一案〉
的附件「台灣省政府原代電」，是非常重要的文件。這份文件清楚解釋
了當時台糖的土地取得及使用情形，文末並建議：「從經濟立場與政
治意義上，一致主張廢止自營農場制度，將土地提供放租種植甘蔗，
藉收減低成本，增加生產之效果。」以下為函文內容：

行政院院長翁鈞鑒：（三七）六經字第二六二四八號訓令，暨午元六經電，並鈞院秘書處（三七）四字第三五四〇七號交議案，均先後奉悉。查台糖公司，經前由台灣省長官公署，三十五年三月交管公地，總數達一二一三六二甲，合一七六五六七一市畝（每甲折合為一四五四八八市畝），佔全省耕地面積（八四一三二六甲）百分之十四‧四三，佔全省公有耕地（一八一四九〇甲）總面積百分之六六‧八七，此項巨量土地之擁有，不僅妨礙土地政策之推行，且影響數十萬農民之生計尤非淺鮮。而其土地使用情形又極複雜，茲謹分別陳明如次：

（一）土地來源——在台糖公司經管全部公地中：
（甲）由前台灣總督府直接間接撥付撥用，或投資各日人製糖會社之土地，共五六九九五甲，除此項公地外；
（乙）其由總督府憑藉政治力量，強制征收人民私有土地，轉交各該製糖會社使用，為數亦達六四三六七甲，此項六萬餘甲之土地，分別登記會社所有。

（二）土地使用情形——台糖公司於一九四六年三月經管前長官公署土地，後由該公司總經理沈鎮南，簽呈陳前長官劃分土地用途：
（甲）公司自營農場土地五六〇六甲，以作示範試驗育苗之用。
（乙）委託公司放租地四二七一甲。
（丙）公司留作建築物，及水利、交通等用地五四九七甲。
（丁）其餘土地一三四八七甲。由公司繳由前長官公署處理，劃出土地中大部分為無法利用及民間有糾紛者，經由前長官公署依據該公司所簽劃分辦法，並參照有關土地法令，制頒「台灣省糖業公司留用暨

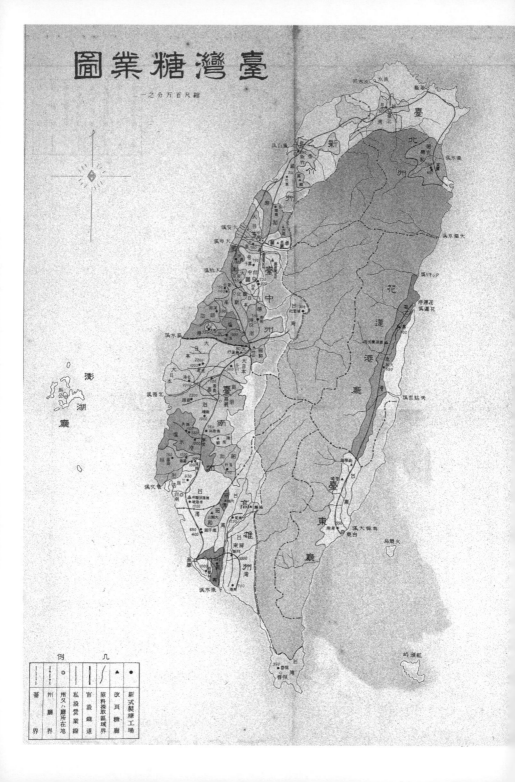

出租公有耕地處理原則」六點，通飭遵行。唯其自營農場土地中，一部分原係日治時代及光復後租由農民種植甘蔗，於貧農生計及原料供應兩有裨益，但年來各地糖廠每不顧實際情形，藉口自營，積極自營，甚有雇用流氓強制起耕情事，致撤佃糾紛疊起，其最顯著之事實，則為屏東、台南、花蓮、南投、北斗、溪湖、溪洲、竹山、三崁店、後壁林、高雄等糖廠之撤佃糾紛。群起激憤，輿論譁然，農村社會、貧農生計均陷不安之境。本府有鑑及此，曾疊次明令糾正，但台糖公司迄未能遵照處理原則辦理，至終顯成效，殊為遺憾。

（三）本省社會人士及國大代表，對台糖公司土地處理之主張——本省一般社會人士及國大代表，咸認日治時代設立自營農場之主要意義，係以當時原料區域未能劃定，官定收購蔗價低廉，影響蔗農收益，故每多不顧種植甘蔗，日政府為貫澈其殖民地政策，始有由前總督府強制徵收民地，交由各製糖會社，建立自營農場制度，唯根據事實，自營結果，成本增高，產量減低。嗣後為謀改進起見，遂有昭和十五年十月糖業管理令之頒佈，與原料區域之劃定，自營農場至此全失。故於日治昭和十五年（民國二十九年）以後，自營農場土地遂陸續出租。光復後，台糖公司利用原料區域制度，實施分糖法，蔗農獲利較大，種植面積逐漸擴張，對糖業原料供應非僅不虞匱乏，且有過剩現象，雖有少數糖廠有不足之感，但大多數糖廠原料供應已

◀ 臺灣總督府殖產局《臺灣糖業圖》，比例尺一百萬分之一，為臺灣總督府殖產局特產課，昭和九年（1934）版《臺灣糖業要覽》之附圖。繪製範圍為臺灣、澎湖及附屬島嶼。功能分屬產業圖，與糖業相關。地圖內容為各製糖會社採集地之分布（較大的會社如臺灣、大日本帝國、鹽水港、明治、臺東等）以及新式糖廠、改良糖廍之分布。底圖為含州廳界的行政區域圖，並有官設鐵道、私設營業線道路（大部分為糖業鐵路）、蕃界等資訊。（國立臺灣歷史博物館提供）

有過剩現象，如三十五、三十六年期，原料面積為十二‧三萬甲，三十七、三十八年期，已縮減為十二萬甲，及赤糖收購面積之擴大即為明證。故從經濟立場與政治意義上，一致主張廢止自營農場制度，將土地提供放租種植甘蔗，藉收減低成本，增加生產之效果。「據後壁林糖廠提供資料：（四六）自營產量每甲為二五九〇〇，放租產量每甲二八二七〇；（四七）自營產量每甲為二六五四〇，放租產量每甲二八二八〇」，而貧農生活亦得予以改善。

（四）本府對台糖公司土地處理之意見：

（甲）台糖公司經管全部公地，依照台灣接管計劃綱要第二十八條「日本佔領時代之官有私有土地，及其他應行歸公之土地，應於接管台灣一律收歸國有，依照我國土地政策及法令，分別處理」；台灣省土地權利清理辦法第五條「原屬台灣總督府之公有土地，經台灣省行政長官公署，暨公署所屬機關接管有案，並經呈准行政院歸省政府使用收益者，為省有土地」；暨鈞院七月二十日（三七）預一字三三一〇五號代電：「公營事業機關接管之土地，不能取得所有權，其耕地之放租，應照台灣省公有耕地辦法之規定，交由各縣市政府辦理。」等規定，均屬公有。台糖公司主張所有權一節，顯違法令，至其民股部分（約百分之三），如以股權清理而必須處分之土地，自應遵照鈞院四月十九日（三七）四內字第一五八三一號指令核定：台灣省民與日人共有土地，或合資經營企業之土地，光復後日產部分依法收歸公有，其與本省人共有部分，得依法民法 823 條之規定，由日產接收機關，申請分割辦理。

（乙）台糖經管全部公地，均係前台灣省行政長官公署於卅四年所接收，此項公地，依照台灣省土地權利清理辦法第五條之規定，應全部

劃歸省有。又按照本省與資源委員會對台糖公司投資額之比例規定，全部資產係分六四劃分（資委會六成本省四成），土地部分既由該公司列為資產之一，應按照同樣比例劃分，既在台糖公司全部公地中，應以六成劃歸國有，四成劃歸省有。「按台糖公司土地中，原屬總督府公有者五六九九五甲，現應劃歸省有四成土地，僅為四八五四四甲，尚不足八四五一甲。」

（丙）此項國省有土地，擬不再列為台糖公司資產，並照原估價減除資本額，其國省有土地，均應依照鈞院（三七）預一字三三一〇五號代電規定，交由所在地縣市政府辦理放租，收益依法分別征解。

（丁）依法放租之土地，為便利台糖公司控制原料起見，由地政、合作等機關，斟酌情形，會同該公司組織合作農場，藉以促進土地之合理利用，以增加生產，是否有當，理合電復察核。

台灣省政府主席魏道明參柒未（寢）府綱地丙 [6]

　　若沒有蔣介石的支持，資委會就不可能掌控台糖，進而與臺灣省政府競爭土地所有權；直到 1952 年，台糖土地的歸屬才確定下來。

從公地放租到公地放領

　　日治時期為掌握資源及便利日本移民，一方面嚴格限制臺灣人承領公有土地，另一方面則鼓勵日人在臺取得公私土地。戰後國府接管後統計：日人企業組織所持有的耕地達 121089 甲，日人私有土地為 10304 甲，各級政府的土地計 50097 甲（表 4-3）。上述各類耕地一律收歸公有，合計臺灣島內的公有耕地為 181490 甲。

表 4-3 臺灣省公有耕地之來源（單位面積：甲）

類別	總計	百分比	水田	旱田
前日據總督府有地	23,453	12.9%	2,672	20,781
前日據移民村有地	5,518	3.0%	2,186	3,332
前河川浮復地	6,517	3.6%	370	6,147
前日據軍事用地	3,772	2.1%	1,592	2,180
前日據州市有地	5,214	2.9%	2,191	3,023
前日據街庄有地	5,623	3.1%	1,617	4,006
前日人個別有地	10,304	5.7%	4,049	6,255
前日人社團有地	121,089	66.7%	59,521	61,568
總計	181,490	100%	74,198	107,292

資料來源：臺灣省地政局編，《臺灣地政統計》，臺北，1947。轉引自湯惠蓀，《臺灣之土地改革》，臺北：中國農村復興聯合委員會，1954，頁 39

　　有鑑於日治時期的糖業土地大都是半強迫收購或徵收而來的土地，臺灣省行政長官公署署長陳儀因此提出「公地放租」：將土地放租給現耕農民，待政策順利實施後，再透過「公地放領」把土地還給現耕農民。於是，臺灣省政府根據 1946 年 12 月 31 日所公布的《臺灣省公有耕地放租辦法》，將接收的日本製糖會社土地放領給現耕農民，但要求承租農民仍應依照糖廠指示耕作。我認為，這個決策應可稍微提升陳儀的歷史定位。

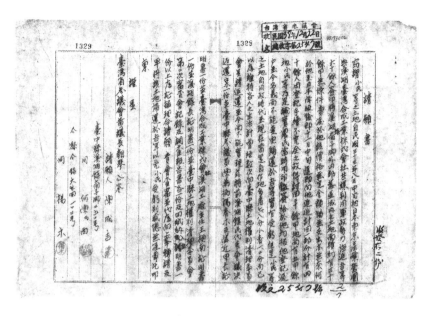

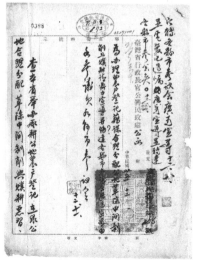

▲ 1949 年 12 月，臺中縣溪湖鎮民陳成吉等
請願為日據時代被強徵土地於戰後未全部
發還一案，送省府辦理。（中研院臺史所檔
案館提供）

◄ 1946 年 12 月，行政長官公署以辦理農戶
登記藉謀合理分配公地，革除中間剝削與
蹼耕案函請臺灣省參議會鼎力宣導。（中研
院臺史所檔案館提供）

1946 年 10 月 23 日，就在《臺灣省公有耕地放租辦法》公布之前，資委會行文行政院：「茲據悉臺灣行政長官公署，擬將臺省公有土地全部分配農民，聞正派員來京請示中，此項辦法如包括臺糖公司土地在內，殊足影響公司之生存，擬請鈞院特許保留公司用地，轉飭臺灣行政長官公署免予分配農民，庶公司基礎不致動搖，臺糖前途得資發展[7]。」

因為資委會反對將台糖土地放租，最後國府決策將台糖土地登記在「台灣糖業股份有限公司」名下。從此台糖土地從國有變私有，但股份仍屬於政府，省政府占其中四成、中央（即資委會）六成。

因為擁有最多土地的台糖未參與土地放租，《臺灣省公有耕地放租辦法》也就名存實亡，公告後推行效果不彰，實施不久即告終止。湯惠蓀對「公地放租」有以下評論：「惜公有耕地放租後，並未完全達到預期目的，合作農場承租耕地僅占放租耕地的百分之五‧九，其餘個別承租者，與私有耕地租佃制，亦無顯著差異，政府雖欲加以整頓，但困難重重，不易奏效。為求拔本塞源，乃推行公地放領。」[8]

實施「公地放領」的過程

台糖任意撤佃招致農怨

戰後政府接收的十八萬甲公有土地中，近十二萬甲是糖業土地，最後都登記在「台灣糖業股份有限公司」的名下，但真正的經費、人事的經營權都由資委會主導。資委會卻做了不良示範，為了降低成本，趕走原本耕種的佃農而改用「雇農」──因為佃農是利潤抽成，雇農是領薪水。這是個充滿殖民者色彩、開倒車的決策，可知當時國民黨政府沒有把臺灣人當「國民」看待，就如同臺灣俚語說的：「跑一個滲尿[9]

的，來一個瘟屎 [10] 的。」日本統治時還願意把土地租給農民、讓他們當佃農，而國民政府卻連佃農的工作都不留給他們。很多人為此向行政院陳情，甚至有國民大會代表寫報告請資委會手下留情，但都沒有用。

1949 年 4 月，臺灣省國民大會代表聯誼會電請行政院將台糖自營農場耕地，依法放租給原有的中小農戶，以紓民困：

> 查土地改革政策為政府重要決策之一，況本省經日本五十餘年之榨取，人民已疲於奔命。搶救農村為時迫切，實不堪再肆稽延，為此電請鑒核。令將臺灣糖業公司自營農場之耕地，依法直接放租於本省原有中小農民，以蘇民困。並副台胞期望祖國之熱忱，懇切陳辭，臨電不勝迫切待命之至。臺灣省國民大會代表聯誼會叩。」[11]

當長官公署開始推動「公地放租」政策時，台糖卻開始撤佃，造成各地糖廠與地方民眾的緊張關係，也引發多次農民對糖廠的抗爭，在溪湖、埔里、虎尾、後壁林糖廠，及高雄縣各糖廠，都有抗爭。抗爭主因除了台糖欲將土地收回自營，對原耕作的佃農任意撤佃起耕外，台糖惡劣的管理也是原因之一，如烏日糖廠內設監獄，專門關押不聽話的農民，還有人持槍看守。[12]

溪湖糖廠農民陳文到警察所提出控訴，更引起行政長官公署對溪湖糖廠撤佃糾紛的關切。1947 年 3 月 22 日，臺灣省行政長官公署致電關心，要求盡快查明 1 月 28 日發生的溪湖撤佃糾紛案件。在〈附件：北斗區公有地承租農民大會參觀記〉中記載了開會事由：「此次召開大會動機，為該糖廠企圖起耕公有土地」（原糖廠土地）為自作農場，調動該廠關係員工使用銃器脅迫農民放棄現耕地，甚至非法逮捕無辜農民二林鎮東勢里一號陳文，嗣後陳被釋放，正式向北斗警察所控訴。」[13]

臺灣的農民認為：日本帝國主義者、殖民者當初用不正當手段取得我的土地，現在重回祖國懷抱，理應把地還給我，可是國府不僅不還土地，還要把我趕走，真是太可惡了。因而引發很多爭議。1947 年到 1949 年此起彼落的農民抗爭，都是針對糖廠，從北到南，不論東部、西部，只要有糖廠的地方都有抗爭。1947 年發生「二二八事件」和「清鄉」，是那麼緊張的時刻，農民還敢鋌而走險、出來抗爭，可見事態非常嚴重。當時陳儀就因為看不過去，才想把土地放租，這是陳儀推動「公地放租」的背景。

「雷正琪信函」效應

1948 年省府規劃了一萬甲土地，試辦「公地放領」，其中只有 303 甲是台糖土地，但在資委會嚴密的防護下，最後這 303 甲土地並沒有成功放領。1951 年「公地放領」正式實施時，第一次放領的土地中也沒有台糖土地，而是各縣市政府保留的公有土地。

美國顧問雷正琪（Wolf Isaac Ladejinsky, 1899-1975）原為猶太裔俄國人，因受迫害逃到美國，在美國哥倫比亞大學取得博士學位，成為土地問題專家。1951 年，雷正琪來臺灣考察，激憤的農民即向他反映：「台糖的土地是我們的，政府應該把土地還給我們，或至少繼續放租，為什麼要把我們趕走？」雷正琪隨後寫信給蔣介石，抨擊國府變相保留公有地的作法，主張應釋出更多的公有地，才能獲得農民的擁護。國民政府這時才修正原提案，並於 1951 年 5 月行政院會議時附帶決議：「公營事業所有土地除必須保留使用者外，亦提出放領。」[14]

1952 年 7 月至 8 月間，雷正琪應農復會之邀再度來臺視察土地改革的實況，同年 9 月針對台糖土地問題致函總統府：「在佃農的心目中，

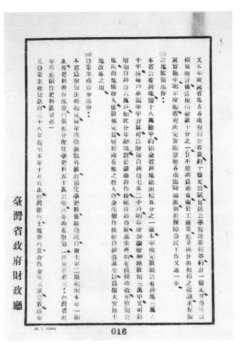

財政廳簽呈省政府，關於農復會美籍專家雷正琪考察公地放領之建議。
（拍攝於「農為國本：臺灣農業檔案特展」）

台糖實與其他地主相等……事實上台糖公司所擬出售之土地，大部地質
甚劣……農民一致對台糖表示不滿，並對公地放領計畫，表示失望。」
信中對台糖頗有微詞，他建議儘量出售台糖土地。

　　總統府接獲信件後，隨即於 9 月 9 日指示行政院：「即交財經小組
詳細研討，儘速擬具處理辦法報核，退役士兵應准在台糖所放領之公地
內承領」，並明令 將雷正琪來函，抄送相關單位研議具復，俟原則決
定後，再交主管機關研擬放領之具體數字，及退役士兵承領辦法。」[15]

根據鍾麗娜的研究，總統府接獲雷正琪的信函後，引發的效應有四項：

（一）下令層級最高——總統府不僅直接介入台糖土地釋出案，且指示台糖應繼續釋出土地。

（二）酬庸軍方性質——不只將公地放領予農民，更明令放領予退役軍人，即台糖應釋出部分土地由退役軍人承領。由總統府以公地放領之名應付美方壓力，而酬庸軍方之實。當然，如此放領公地予退役軍人，亦有違公地放領之本質。

（三）台糖無權置喙本次土地釋出之原則性議題——據總統府指示，應由相關部會協商台糖土地放領原則後，再通知台糖辦理。顯然，在當時美方的壓力，遠勝於台糖經營之考量。

（四）行政院四點原則性指示——一九五二年十月七日行政院令規定處理台糖公司土地問題原則為：1. 台灣省種蔗面積仍以不超過十萬甲為原則；2. 該公司自營農場不予放領；3. 已由佃農耕作之純稻田，應即放領；4. 休閒地如何處理由該部等會商決定辦法。[16]

因為農民抗爭及雷正琪所代表的美國壓力，促成了國民政府在1951 年開始實施「公地放領」。從 1951 年到 1964 年，「公地放領」共進行六次，除了第一次以縣市政府的公有土地為主之外，其餘五次主要放領的都是台糖土地，台糖共釋出 44551 甲（約 43215 公頃）土地，交由省政府放領。但從當時省政府地政局的報告即可發現，台糖釋出的都是偏遠、貧瘠的土地，縱使有上級的交代，台糖還是虛應故事，不願配合，而農民也沒有意願承領。1964 年之後，「公地放領」就不再進行了。

土地正義

土地改革的正反意義

　　我對「公地放領」抱持比較正面的看法，但對台糖不願意釋出土地有質疑。1951 年的「公地放領」涉及台糖土地權的爭奪，也關係陳儀和資委會的爭鬥。依《臺灣接管計畫綱要》的記載，台糖土地為公有而非私有，1946 年成為私有，這在程序上並不合法；台糖股份中有97% 是屬於政府，「公不公、私不私」便成為台糖最大的問題，這也導致台糖土地一直被眾多財團、建商與地方政客所包圍和覬覦，在巨商富賈的鯨吞蠶食下，目前只剩下三萬多甲土地。

　　因為台糖土地是「私有」，因此每每在政治考量下，另外訂出辦法來釋出土地。公有土地的處分有一定的程序，必須經過《國有財產法》，按照當時法令及接收辦法轉移或釋出。當初台糖土地屬於「公有」，怎麼會從接管變成接收？這是令人質疑之處。據說台糖內部保險箱保存了相關的歷史文件，可惜外界看不到，我在國史館也找不到台糖早期的相關資料，我很擔心學界若再不關心、繼續漠視，恐怕很多資料都被銷毀了。

　　我們不要忽略，1947 年到 1950 年間，各地的糖廠都有農民抗爭，即使是政治非常敏感的時期，全臺還是有很多農民起來抗爭。在農業時代，農民一旦失去耕作的土地，生活就會出問題。當時農民不斷陳情，國民大會代表也一直向中央解釋，農民的土地因半強迫收買而變成日本製糖株式會社土地的原因，但中央依然置之不理。相較之下，陳儀的「公地放租」是比較好的作法，可惜歷史無法重來。

　　「土地改革」有其正面功能，為臺灣社會、經濟奠下重要的基礎，但我的立場是，不能因此而侵害基本人權，或犧牲別人來成就自己的豐功偉績。臺灣的土地改革，「三七五減租」和「耕者有其田」是同一

個脈絡,「公地放領」則是另一個脈絡,它們背後共同的特徵,就是「便宜行事」與「殖民心態」。我贊成土地改革,但不是這種粗糙的土地改革。「耕者有其田」的徵收範圍,若只處理個人和團體的耕地,我對此比較沒有意見,但執意把共有耕地也包括進來,實在過於殘酷。

當我們討論臺灣的「土地改革」,也就是討論土地制度的轉型正義。民進黨一直把轉型正義侷限在「二二八事件」,殊不知土地改革的影響層面可能更大。二二八事件影響的是上層階級,「土地改革」的影響則是全面性的——最接近人民,影響也最深刻。

我所看到的「土地改革」歷史,是一般人沒看到的陰暗面,但臺灣民眾應該也要瞭解這一面。「土地改革」影響臺灣太深了,「省籍情結」的來源,除了「二二八事件」,還有「土地改革」;海外臺獨的起源,主要也來自於此。但大多數的臺灣人都不知道,研究共產黨史的中研院近史所陳永發院士也曾親口告訴我,他不知道這段歷史。這是臺灣人應該瞭解的一段歷史。

1　鍾麗娜,〈國營事業土地處分課題之研究——以台糖土地為例〉,臺北:國立政治大學地政研究所,2002,頁 38-39。

2　〈中央研究院近代史研究所中國近代經濟檔案保存與整編概況〉,《近代中國史研究通訊》6,1988 年 9 月,頁 136。〈國營會 / 簡介 / 沿革〉,經濟部國營事業委員會,網站:http://www.moea.gov.tw/Mns/cnc/content/Content.aspx?menu_id=10215（2016/01/26 檢索）

3　陳翠蓮,〈「大中國」與「小台灣」的經濟矛盾——以資源委員會與台灣行政長官公署的資源爭奪為例〉,「二二八事件五十週年國際學術研討會」會議論文（1997）,頁 13。

4　程玉鳳,〈光復初期臺糖的銷售問題——十五萬噸敵糖的來龍去脈（1945-1947）〉,《國史館館刊》21,頁 56。

5 　程玉鳳，〈光復初期臺糖的銷售問題——十五萬噸敵糖的來龍去脈（1945-1947）〉，《國史館館刊》21，頁 90。

6 　〈（4）函知台灣糖業公司土地產權一案，經院會決議解決辦法，請查照〉，財政部檔，台灣糖業公司土地產權，11 卷 1 號第 29 宗。載於侯坤宏編，《土地改革史料（民國十六年至四十九年）》，臺北縣：國史館，1988，頁 502-506。

7 　侯坤宏編，《土地改革史料（民國十六年至四十九年）》，臺北縣：國史館，1988，頁 499。

8 　湯惠蓀，《臺灣之土地改革》，臺北：中國農村復興聯合委員會，1954，頁 39-42。

9 　滲尿（siàm-lī），因為生病或者驚嚇等原因，不由自主的排泄尿液。〈教育部臺灣閩南語常用詞辭典〉，網址：http://goo.gl/vuAU4n（2016/03/11 檢索）

10 　疶屎（tshuah-sái），不自覺或無法控制地排洩出糞便。〈教育部臺灣閩南語常用詞辭典〉，網址：http://goo.gl/498i5w（2016/03/11 檢索）

11 　鍾麗娜，〈國營事業土地處分課題之研究——以台糖土地為例〉，臺北：國立政治大學地政研究所，2002，頁 45。

12 　侯坤宏編，《土地改革史料（民國十六年至四十九年）》，臺北縣：國史館，1988，頁 418-425

13 　侯坤宏編，《土地改革史料（民國十六年至四十九年）》，臺北縣：國史館，1988，頁 418-419。

14 　侯坤宏編，《土地改革史料（民國十六年至四十九年）》，臺北縣：國史館，1988，頁 555

15 　侯坤宏編，《土地改革史料（民國十六年至四十九年）》，臺北縣：國史館，1988，頁 543。

16 　鍾麗娜，〈國營事業土地處分課題之研究——以台糖土地為例〉，臺北：國立政治大學地政研究所，2002，頁 47-48。

下篇

與民爭地？與土地共生？
問題重重的土地徵收

第五章
土地徵收

我的學術理路是很強調社會關懷、社會實踐的「法蘭克福學派」，不是只做模型預測的學院派。研究公共政策的人，尤其是法蘭克福學派的學者，向來致力於解決現實中的社會問題。

　　法蘭克福學派起源於德國，學派靈魂人物社會學家哈伯馬斯（Jürgen Habermas, 1929-）的重要概念，就是溝通、協調、對話。美國都市計畫界健將 John Forester 將他的觀點納入都市計畫理論，和政治學「權力」觀點結合，強調民眾參與，協助社會弱勢發聲。在這個思想脈絡下，我認為「耕者有其田」的土地改革政策非常不合理，這也延伸到接下來我所關注的「土地徵收」議題。我反對不合理的土地制度，所以一直積極參與社會運動，協助社會弱勢。

進入社會運動的契機

　　在臺灣，原來有兩個地政系，一個是政大地政系，另一個是以前的中興法商學院地政系，現在改名為臺北大學不動產與城鄉環境學系。2010 年我擔任政大地政系系主任時，請系上研究法學的教授撰寫一篇

討論「土地徵收」的文章，邀請政大地政系、臺北大學不動產與城鄉環境學系兩系的老師連署，在《聯合報》發表共同聲明，老師們的共識很高，幾乎都參與了連署。[1] 政大地政系的研究方向較偏重於土地經濟，主要以量化、模型、數據等方式做研究，有多位老師從事房地產的研究。而我做的土地政策和土地歷史研究並非系上的主流。

研究「土地改革」的過程中，最令我難過並想為他們發聲的，是土地被徵收的共有出租耕地地主。他們的土地在 1953 年被徵收後，生活一夕變色，衝擊實在太大了。當時的歷史文件記載著：他們哭著向政府機構哀求，卻無法改變被徵收的命運。這是一段被掩蓋的歷史，已經過了六十多年，仍無法還他們公道，我們這些學者實在太不努力了。

因此，我要求自己多寫文章投稿，當做社會參與的方式。以前每當報紙登出我對土地改革的投書，當天就會接到很多電話。打來的人都是年紀很大的長輩，往往邊哭邊訴說他們所受的苦難和心聲。我曾經寫過一篇關於三七五減租的文章〈人生有幾個六十年？——為「三七五地主」請命！〉[2]，得到非常大的迴響。一位臺南阿嬤打電話來說，她叫孩子把當天鎮上所有的《自由時報》買回來，準備分送給親戚朋友。也有一位大哥打電話來訴說：「家裡幾個兄弟本來靠土地過活，土地改革之後，都沒辦法再受教育，必須從事勞力工作來維持生活，過得非常辛苦……」話沒說完，電話那頭就剩下他的啜泣聲。他們原本不知道「土地改革」是怎麼一回事，看了我的文章之後，才知道家中過往的經歷。

後來，《農村再生條例》的制訂過程，又強化了我對農業及農村議題的關注。我原本是《農村再生條例》的起草者之一，後來發現《農村再生條例》仍著重土地開發和土地徵收，與當初規劃的理念不一樣。2008 年 12 月《農村再生條例》通過時我很生氣，覺得政府不應該如此

草率，這也是我走出來，與夥伴成立「台灣農村陣線」（以下簡稱「農陣」）的原因。農陣成立的宗旨就是為了關心農村與農業，成員大多是年輕朋友。這幾年「土地徵收」的案件越來越多，我的參與也相對變多了，現在我是農陣理事長，因為我的工作地點在臺北，可以就近觀察政府的相關作為，並做出立即的回應。

農陣成立之初，所關心的議題並沒有觸及到「土地徵收」。當時農陣舉辦夏令營，都會要求參與的學員實地做農村調查。那年幾位清華大學學生到苗栗大埔做農村調查，意外發現那裡的土地徵收很不合理，需要協助，之後在 2010 年 6 月發生「苗栗大埔事件」，我們就趕緊前往協助，這是我真正走上抗爭的起點。農陣完整記錄這個過程，也出版了《土地正義的覺醒與實踐：抵抗圈地文集》[3]。

回溯土地改革的歷史

在 1950 年韓戰爆發之前，國民黨和美國的關係跌到谷底，美國已準備放棄臺灣，後來因韓戰而轉變，可以說臺灣被韓戰救了，也因為這個緣故，蔣介石急於推動土地改革，想藉此尋求美國的支持。當時國民政府一方面宣稱臺灣是「自由中國」，土地改革是以人民能接受的方式，和平、有步驟、有計畫進行的中美合作，一方面則抨擊中共的土改是殘酷地榨取人民的財產。臺灣與中共兩邊都在競爭誰是真正的土改者，最後國民黨的宣傳策略奏效了，臺灣因而被納入韓戰中圍堵中共擴散的行列，與美國於 1954 年訂定了《中華民國與美利堅合眾國間共同防禦條約》（Mutual Defense Treaty between the United States of America and the Republic of China），又稱《中美共同防禦條約》。

由於美國讚賞臺灣的土地改革，於是協助臺灣在桃園成立「土地改革訓練所」，將全球所有落後或開發中國家的人送來臺灣學習土地改革。在這一點上，國民政府算是得到美國正面的肯定。「土地改革訓練所」成立後，超過一百個國家來上課，只是沒有任何一個國家像臺灣一樣成功。臺灣之所以成為土地改革的特殊案例，其原因在於政治因素，但至今還沒有任何相關的學術研究精準地指出這一點。

　　土地改革訓練所在 2000 年改名為「國際土地政策訓練中心」（International Center for Land Policy, ICLPST）。1995 年我回到臺灣，2000 年左右開始在「國際土地政策訓練中心」授課。因為學員都是國外來的，上課都以英文為主。當時外交部將訓練中心的運作視為外交的一部分，支付學員來臺上課的機票、住宿、生活費，許多落後國家的人很喜歡來上課。以前一期的課程是八週，後來因為受限於經費而縮短為六週，據說以後又要減為四週。訓練中心已相當上軌道，接待、上課都很有制度，課程包括土地制度、財稅、都市計畫、GIS 等，也邀請國外知名的老師來授課。國外老師的教學時間安排得比較長，臺灣的老師則以分享臺灣經驗為主。到目前為止，該單位仍在運作，也持續有各國政府單位派人來上課，如菲律賓、越南、泰國、中南美洲等。

　　以前的「土地改革」現在更名為「土地政策」，主管機關是內政部，但「國際土地政策訓練中心」的經費則是由農委會支持。農委會認為土地政策是內政部的事，但內政部卻不出經費，反而是農委會在編列預算。三、四年前農委會曾想廢掉「國際土地政策訓練中心」，改成「農業政策訓練中心」，內政部卻不同意。因為「國際土地政策訓練中心」與美國知名的「林肯土地研究中心」（Lincoln Institute of Land Policy）有合作關係，只是美方已不再提供經費，但雙方已共同成立了

董事會，兩方都設有代表，每年都在臺灣開會，政府想藉此維繫與美方的關係。

土地政策與政治息息相關

　　土地政策與政治的關係很緊密，如何治理土地是很關鍵的政治運作。長期以來國民黨都靠都市計畫來控制地方派系，以都市計畫籠絡地方派系，讓他們能夠炒作土地賺錢，以致臺灣的土地徵收都很不合理。然而，我們講得再多似乎都沒有用，因為政府主要是靠「都市計畫」和「土地徵收」來控制地方派系，以此延續政權。臺灣的地方派系絕大多數都有介入土地開發，講得好聽是「土地開發」，實際上就是「土地炒作」——透過「都市計畫」和「土地徵收」運作、炒作土地。

　　在現行政治結構與制度面，財團通常能透過正式與非正式的政商關係，直接影響政策與法令。陳東昇在《金權城市——地方派系、財團與台北都會發展的社會學分析》一書中即指出，1989 年縣市長候選人中，有八位候選人受到房地產財團支持。同年度立委候選人中，也有三十五位候選人本身就是房地產集團的負責人，或者受到房地產財團的支持，顯示房地產集團透過其對中央與地方政治的影響力，就能增強對土地炒作與投機管道的操弄能力。1992 年縣市長選舉時，大多數的縣市長皆以土地炒作議題做為攻擊對手的選舉文宣，可見地方行政首長與土地利益的緊密關係。財團取得土地後，會透過變更地目的方式，來增加土地的利益，而「市地重劃」與「都市計畫」就是提高土地價值的一種手段。[4] 在圖 5-1「財團土地投機方式與其他相關機構互動模式」中，即可清楚看見政府、財團與土地的的層層關連，與結構緊密的政商關係。

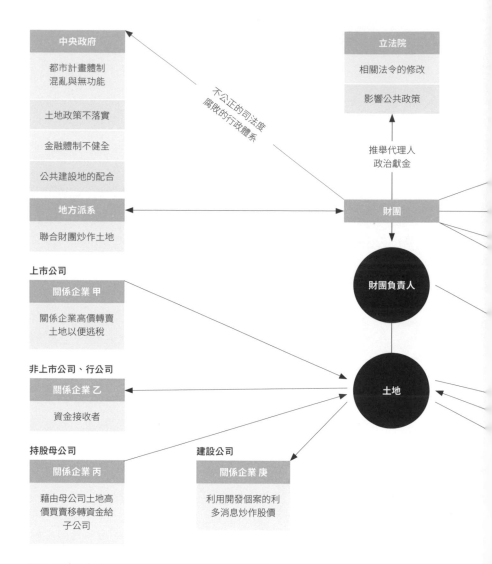

圖 5-1 財團土地投機方式與其他相關機構互動模式

資料來源：陳東昇《金權城市——地方派系、財團與台北都會發展的社會學分析》，頁 192.

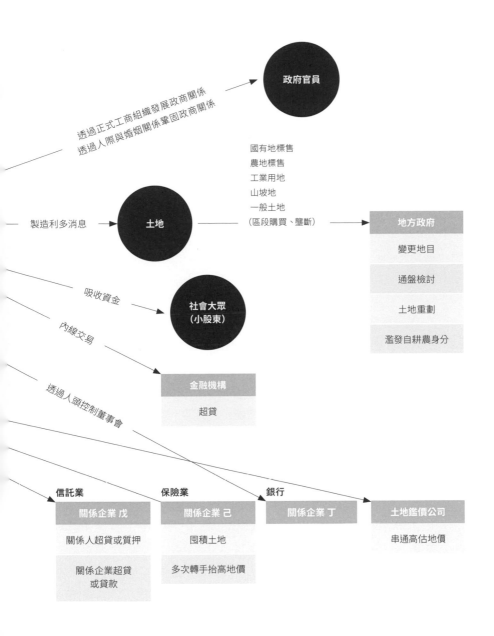

政府官員

透過正式工商組織發展政商關係
透過人際與婚姻關係鞏固政商關係

國有地標售
農地標售
工業用地
山坡地
一般土地
（區段購買、壟斷）

製造利多消息 ─→ 土地

地方政府

變更地目

通盤檢討

土地重劃

濫發自耕農身分

吸收資金 ─→ 社會大眾
（小股東）

內線交易

金融機構

超貸

透過人頭控制董事會

信託業　　　　　保險業　　　　　銀行

關係企業 戊　　　關係企業 己　　　關係企業 丁　　　土地鑑價公司

關係人超貸或質押　囤積土地　　　　　　　　　　　　串通高估地價

關係企業超貸　　　多次轉手抬高地價
或貸款

土地徵收

一般徵收、區段徵收、市地重劃

「土地徵收」有很多種類別，主要為「一般徵收」與「區段徵收」。「土地徵收」之外，另外還有一種土地開發方式，就是上述的「市地重劃」，它們實施的關鍵都來自「都市計畫」。最近的例子如：臺南市區鐵路地下化計畫（以下簡稱「南鐵地下化」）的「一般徵收」，桃園航空城計畫的「區段徵收」，在臺中也有許多「自辦市地重劃」。

內政部的官網對於「一般徵收」、「區段徵收」和「市地重劃」有以下說明：

（一）一般徵收：土地徵收乃政府依公權力之運作，為興辦公益事業需要或實施國家經濟建設，基於國家對土地之最高主權，依法定程序，對特定私有土地，給予相當補償，強制取得土地之一種處分行為。

（二）區段徵收：區段徵收就是政府基於新都市開發建設、舊都市更新、農村社區更新或其他開發目的需要，對於一定區域內之土地全部予以徵收，並重新規劃整理。開發完成後，由政府直接支配使用公共設施用地，其餘之可供建築土地，部分供作土地所有權人領回抵價地之用，部分作為開發目的或撥供需地機關使用，剩餘土地則辦理公開標售、標租或設定地上權，並以處分土地之收入抵付開發總費用。

（三）市地重劃：市地重劃是依照都市計畫規劃內容，將一定區域內，畸零細碎不整之土地，加以重新整理、交換分合，並興建公共設施，使成為大小適宜、形狀方整，各宗土地均直接臨路且立即可供建築使用，然後按原有位次分配予原土地所有權人。而重劃範圍內之道路、

　　　　　　　　　　　　　　　　　　　　　土地正義

表 5-1 一般徵收、區段徵收與市地重劃表

項目／著重點	一般徵收	區段徵收	市地重劃
實施範圍不同	適用在都市土地及非都市土地。	適用在都市土地及非都市土地。	只能適用在都市土地。
實施主體不同	僅限於政府辦理。	僅限於政府辦理。	有政府主動辦理、人民申請政府優先辦理及獎勵人民自行辦理三種。
政府負擔不同	政府負擔徵收補償費。	政府負責籌編徵收補償費及開發費用,並以政府取得可標讓售土地之處分收入償付開發總費用。	市地重劃完成之抵費地,政府得公開標售,以回收開發成本。
土地權屬不同	土地所有權人完全喪失所有權。	土地所有權人完全喪失所有權,除領回抵價地外,其餘皆屬公有。	土地所有權人仍保有其所有權,僅提供不超過各重劃區土地總面積。
土地分配不同	原土地所有權人喪失對土地權利,只能領取徵收補償費。	原土地所有權人可以領取徵收補償費,喪失對土地權利,或申請領回土地(抵價地)。抵價地總面積以徵收總面積50%為原則,最低不得少於40%(曾經辦過農地重劃之土地,最低不得少於45%)。	以交換分合方式實施土地改良,重劃完成後,原則上按原位次分配,土地所有權人領回土地以重劃區總面積不低於55%為限。
土地分配不同	只能作國防事業、交通事業、公用事業、水利事業、公共衛生及環境保護事業、政府機關、地方自治機關及其他公共建築、教育、學術及文化事業、社會福利事業、國營事業、其他依法得徵收土地之事業使用。	範圍內道路、溝渠、公園、綠地、兒童遊樂場、廣場、停車場、體育場所及國民學校用地,無償登記為當地直轄市、縣(市)有或鄉(鎮、市)有。	區域內之道路、溝渠、兒童遊樂場、鄰里公園、廣場、綠地、國民小學、國民中學、停車場、零售市場等十項用地,屬參加重劃區內土地所有權人之共同負擔。

資料來源:中華民國內政部地政司網頁

溝渠、兒童遊樂場、鄰里公園等公共設施及工程費用，則由參加重劃土地所有權人按其土地受益比例共同負擔，故是一種有效促進土地經濟使用與健全都市發展的綜合性土地改良事業。[5]

　　通常是「土地徵收」出了問題，一般人才會知道。譬如日本成田機場「三里塚抗爭事件」[6]，到現在還未解決，也出了很多相關的紀錄片。基本上，在民主憲政國家，「土地徵收」應該是最後迫不得已的手段，通常很少使用，但臺灣的政府卻一直當成最優先的手段——國、民兩黨都一樣。這是政府當局從威權時代以來養成的惡習，從「土地改革」時期開始，光是「耕者有其田」就徵收了十四多萬甲土地。這其實是不對的，希望政府能夠改變這種觀念。先進國家的政府都會以很高的價格購買土地，或至少以等值的土地和地主交換，臺灣的「土地徵收」不僅不符合「土地徵收」要件，補償的價格也很低，等於要人民犧牲，很不合理。

　　「區段徵收」是中華民國特有的「土地徵收」制度，全世界只有臺灣還在實施這個制度。「區段徵收」的起源，與 1970 年代（1977-1983年）臺北市萬芳社區一四〇高地的徵收案有很大的關係，當時萬芳社區有很多民眾抗議，才設計出「區段徵收」，讓他們領回部分土地。[7]「區段徵收」的被徵收者可選擇領取抵價地，或直接領取補償費；而「一般徵收」則是只能領錢。由於政府徵收土地的面積往往非常大、補償價金又非常低，「一般徵收」常受到民眾強烈抵抗，政府因此改用「區段徵收」來解決。

　　「區段徵收」的作用等於「土地變更」——把農地變更為住宅區、商業區，於是地價變高，被徵收戶成為受益者，因此要回饋給政府：徵收後的部分土地要歸政府所有。現行「區段徵收」制度是在 1986 年 6

月 29 日修改《平均地權條例》時修訂的：規定「區段徵收」範圍內原土地所有權人對其應領補償地價，得自行選擇全部領取現金補償或全部申請領回抵價地，而領取現金補償者，將來還可以再申請優先買回土地，我們稱為「抵價地式」的「區段徵收」，也就是以土地替代徵收的補償金額。[8]

　　西方先進國家現在已經很少使用「土地徵收」，只有在嘗試各種方法都不能成功時，最後才會啟動「土地徵收」。美國政府在需要土地進行公共開發時，大都直接向地主購買，很少啟動「土地徵收」。以我的學校 University of Delaware 為例，校區以前離高速公路有點距離，在校方有計劃性地購買土地之下，去年（2015 年）我回去拜訪時，學校已經把靠近高速公路的土地和房屋都買下來了。

土地徵收必須符合徵收要件

　　「土地徵收」是非常嚴厲的手段，不必經過人民同意，就能強制剝奪人民的財產權、生存權與人性尊嚴；因為是最後手段，就如同尚方寶劍，不能隨便就出鞘。無奈臺灣政府積習難改，為了行政效率，往往便宜行事，動不動就啟動「土地徵收」，以致侵害了基本人權。

　　「土地徵收」與《憲法》第十五條規定的「人民之生存權、工作權及財產權，應予保障」相牴觸，因此實施時須符合《憲法》第二十三條：「以上各條列舉之自由權利，除為防止妨礙他人自由、避免緊急危難、維持社會秩序，或增進公共利益所必要者外，不得以法律限制之。」後來還增加了許多大法官解釋及最高行政法院的判決。也因此，徵收一定要符合徵收要件，否則就是與憲法及法律牴觸。

　　每個人面對「土地徵收」的反應不同，有人要土地，有人不要土

地，因此每個「土地徵收」案件，都必須經過非常嚴謹的審查，確認符合公益性、必要性、比例性、最後迫不得已等要件後才能執行。「土地徵收」的關鍵不在於人民同意與否，而在於是否符合「徵收要件」，若符合，即使人民不同意，還是得徵收；相反地，若不符合要件，就不能強拆。在此要件下，人民若拒絕徵收，就必須進行行政救濟程序，如訴願和行政訴訟，由於這需要時間，就會出現空檔，政府即趁此空檔拿走土地，就像苗栗大埔張藥房的拆除案——警察把人抓出來後，就把房子拆除，這是法律的漏洞。

不論是「一般徵收」或「區段徵收」，依法都必須符合徵收要件。但政府向來採取一種做法，就是把「區段徵收」定義為「土地合作開發事業」，然後「強迫」民間參與。因為「區段徵收」被定義為「合作開發事業」，所以就不用符合「徵收要件」。政府往往只片面強調「區段徵收」是土地合作開發事業、是公平的開發方法——由地主出土地、建商出資金的「民間合建」，合建完成之後，再按比例分配。既然是合作事業，就必須妥善溝通，在雙方都願意的情況下進行，但「區段徵收」卻是政府強迫民間參加，分配比例也全由政府決定，這並不符合「合作開發事業」的基本觀念。「苗栗大埔案」就是缺乏公益性、必要性、比例性等徵收要件，因此苗栗縣政府被判敗訴。敗訴後苗栗縣政府還嚇了一跳，因為他們以前都這樣做，以為這樣做是合法、合理的。幸而法官的意識逐漸提升，從 1990 年代開始發生的「土地徵收」案件，也在逐漸改變當中。

「土地徵收」的主管機關是內政部，不論「一般徵收」或是「區段徵收」，都必須經過內政部「土地徵收審議小組」（以前稱為「土地徵收審議委員會」）的審議，才能做出「土地徵收」的行政處分。但實際上，現在大都由地方政府決定，因為地方政府是「都市計畫」的擬訂機關。

以苗栗縣政府為例，他們通常在「都市計畫」階段，就以「附帶決議」的方式決定這個案子要用「一般徵收」或「區段徵收」辦理，這是便宜行事的做法。然後他們將這個都市計畫案送到內政部都市計畫委員會審理，而委員會頂多只會修改部分內容就予以通過，接著送到土地徵收審議小組。依照慣例，土地徵收審議小組會尊重都市計畫委員會的決定，因為土地徵收審議小組待審的案子非常多，往往只是形式上的審查，不是實質審查。我的學生研究後發現，土地徵收審議小組審查一個案子平均大約花五分鐘的時間就通過，並沒有關心或討論案子是否符合徵收的實質要件。這就是為什麼臺灣各地的徵收會如此浮濫的原因之一。

臺南鐵路地下化與苗栗大埔案

表面上地方政府沒有徵收土地的權力，實際上卻有權力，原因在於地方政府的「都市計畫」。地方政府運用「都市計畫」，即可間接執行「土地徵收」，而「土地徵收」的行政處分是由中央發布，地方政府往往把責任推給中央，認為是內政部的責任。這就是現行制度上的漏洞。南鐵地下化案就是地方政府為了達到「土地徵收」的目的，而修改「都市計畫」的例子。

南鐵地下化工程，由於施工期間須在原軌底下施工、作業不易，於是臺南市政府在 1995 年向鐵道東側的住民借用土地，預計在鐵道東邊蓋臨時軌道，讓火車行駛，以便在原軌上使用明挖覆蓋法；施工完畢後，再從臨時軌道切換回來，然後歸還土地，這種借用土地做公共建設的方式稱為「土地徵用」，並非剝奪土地所有權。

南鐵地下化是臺南市民期待的建設，雖然鐵道東側一些房子可能

南鐵地下化案原為「土地徵用」，地方政府向人民借地施工，後來政府為了達到「土地徵收」的目的，而修改「都市計畫」。（廖元鈴攝影）

部分會被拆掉，但施工後就可以復原，土地被徵用者因而也都同意。但是到了 2007 年，因為建設經費不夠，政府想用土地開發來挹注建設經費與成本——有點像賣地賺錢，不僅不歸還原本借用的土地，還要加碼往東邊徵收，此事明顯不符合土地徵收的要件，雖然舉辦公聽會，但都徒具形式。

　　國民黨為了鞏固政權，將土地利益分給地方派系，所以徵收案在國民黨執政時期很容易就通過。地方派系所從事的幾乎都是土地開發與炒作，據我所知，苗栗大埔與地方派系的利益連結很深。現在民進

　　　　　　　　　　　　　　　　　　　土地正義

黨上台，我們也擔心很多人換了位置就換了腦袋，因為民進黨也要靠地方派系鞏固地方勢力，只是多少的差別而已。例如南鐵地下化是之前民進黨執政時變更的計畫，當時中央和地方都由民進黨執政──臺南市長許添財、總統陳水扁、行政院長蘇貞昌。當我每次批評現任臺南市長賴清德，都會有人出來為他護航。另一個是桃園航空城，民進黨的市長鄭文燦選前和選後的講法也不一樣。

「都市計畫法」是「土地徵收」很關鍵的因素，期待民進黨上台後能將「土地徵收條例」和「都市計畫法」修得更好。

地方政府應提高土地稅來增加財源，以落實地方自治

臺灣的「區段徵收」之所以這麼多，主要原因之一是地方政府沒經費。雖然有政黨輪替，但只要制度不改變，基本上任何政黨治理的方法不會有太大的改變。地方縣市長選上後，就要實現政見，但地方政府沒有足夠經費來推行，因為中央不給補助，地方政府又不敢多向人民課稅，只好透過「區段徵收」賣地賺錢，賣的卻不是地方政府的土地，而是徵收人民的土地來販售。

地方政府還有另外一個籌措經費的方法，就是「市地重劃」。前臺中市長林柏榕（任期 1981-1985、1989-1997）、張子源（任期 1985-1989）等人，都曾大肆利用「市地重劃」來取得土地。重劃後一部分的土地歸地方政府，然後再把土地賣掉賺錢。這是地政手段的「偏方」，只能偶爾為之，但現在各縣市卻幾乎都這麼操作，令人非常遺憾。

我們一般所認知的「市場決定房價」，其實並不正確，因為房價是由人主觀創造出來的。土地不同於一般商品，土地有「不可移動」和「不可增加性」，也就是說，土地具有壟斷的性格。習慣上我們用「買

賣實例法」來估價，建商就利用假的交易來創造假的土地價格：建商只要把土地轉手到關係企業，假裝有人高價買地，就能拉抬房價，讓人民以為這就是真實和客觀的市場價格。很多人也沒看出，地價通常是政府和建商一起哄抬、創造出來的成果。馬克思認為土地有「絕對地租」，意思是：在土地所有權制度底下，土地擁有者可以決定價格。舉例來說，遠雄建設有很多房子沒賣掉，空房很多，但是它寧可不賣房子，也不降價。房屋和土地的價格是主觀的決定，不是客觀的市場價格，因此才有炒作的空間。

事實上，「區段徵收」也是一種土地炒作。譬如苗栗大埔事件，土地徵收完後，約有三分之一的土地歸縣府、三分之一歸還原有土地所有權人、另外三分之一大概是做為公共設施。地方政府認為，土地由農業使用轉變為住宅區、商業區，地價大幅上漲，於是就將發回土地所有權人的土地面積縮水：假設原本土地是一百坪，經過區段徵收後要歸還三十坪給原土地所有權人，由於土地價格是政府決定的，為了只歸還三十坪，地方政府一定要拉高土地單價，這就是土地炒作。

「林肯土地研究中心」相當推崇地政學派的亨利‧喬治（Henry George, 1839-1897），他是十九世紀末到二十世紀初，土地改革學派很重要的人物。孫中山提倡的「漲價歸公」，課取土地增值稅的理念，就是來自亨利‧喬治的「單一稅」的觀念。他們認為土地價格的增值，大部分是社會的貢獻，所以增加的利益應屬社會所有。亨利‧喬治甚至認為不用徵收其他稅賦，單憑土地增值稅收，就足夠支撐社會建設所需。

地方政府的稅源也和土地有關。地方政府的自有稅源，包括地價稅、土地增值稅、房屋稅、契稅、娛樂稅等五項，在世界各國，這些項目都會課以相當重的稅賦。但在臺灣，土地增值稅卻課得很少，這和政治有很大關係。地方政府因受到地方派系和建商的壓力，把土地

　　　　　　　　　　　　　　　　　　　　　　　土地正義

炒作的成本壓低，若要開發炒作土地，土地稅就不能太高。

以前土地增值稅的計算，是以當期公告現值減掉前期公告現值，計算漲價總倍數，再乘上稅率。在 1950 年代都市平均地權時期推行的土地增值稅，曾經從 20％開始調漲，一度提高到 100％，後來又調降到 40％至 60％。在陳水扁執政時代，更降低為 20％至 40％，作為母數的公告現值相對於市價而言，也是非常的低。

政大地政系研究土地稅的學者認為，臺灣土地持有稅如地價稅和房屋稅等，都只有美國加州的 10％左右，實在是太低了。我們若要施行地方自治，地方政府就要有自己的財源，用以支付公共建設、教育等方面的費用，土地稅就是地方政府最重要的稅源之一，但臺灣因為土地炒作的關係，反而壓低了土地稅。

近來地價稅正逐漸增加，2016 年臺北市地價稅大幅上漲，宜蘭縣的地價稅也上漲到過去的五倍左右，這是好事。地價稅大幅上漲的原因，是因為經歷抗爭之後，「土地徵收」和「市地重劃」的方法逐漸不能再使用了，地方政府沒有財源，只好走回課稅的正途。公共建設的費用本來就應由全民負擔，怎麼可以剝奪社會的弱勢族群，由他們承擔大部分人使用的公共建設？

現在「房地合一稅」才剛實施，還不知道效果，但方向是對的。這個政策的觀念是：土地的增值要盡可能歸公，因為土地增值來自社會的貢獻。例如政治大學前面那條街，和我 1970 年代念大學時的狀況差不多，但價格卻上漲許多，而房價之所以會上漲，是來自社會的集體貢獻，因此土地增值的部分，應該歸社會所有。

當地價稅和土地增值稅依憲法規定課稅後，未被課稅的土地增值部分，就要納入所得稅繼續課稅，這就是亨利・喬治和孫中山的觀點。「房地合一稅」也是希望能在現行地價稅和土地增值稅之外，多課一點

稅，最後再納入所得稅來課徵。所得稅歸屬中央政府，地價稅歸地方政府，如果政府一定要人民多繳稅，地方政府乾脆就調高地價稅，增加地方稅收，這可能就是地價稅大幅上漲的理由之一。

真正的公共利益

在美國，從事「都市計畫」的學者和實務工作者有一個共同的組織，叫做「APA」（American Planning Association，美國都市計畫協會），APA 很強調 Ethical Principles（道德倫理守則），可惜臺灣沒有這個守則，因為我們是技術專業，專家決定一切。這也是臺灣「都市計畫」教育很不足的地方。美國的「都市計畫」很強調民眾參與，讓民眾表達意見後，由專家提供協助。專家會和人民溝通、對話，並提供資訊，讓人民發現什麼是對自己最有利的選擇，而不是由專家為人民做決定，這兩者差異很大。我們之所以常到臺北市八德路上的營建署抗議，就是因為臺灣還是非常威權，都由專家來做決定。

我們應該如何評斷一宗「土地徵收」或「都市更新」案件是否合法？我認為關鍵在於是否符合公共利益。例如去年強拆古亭龍腦穴案（2015 年 9 月 25 日），其實決定過程有不符合程序正義的問題，士林文林苑也屬同樣的情況。因此，大法官會議認定「都市更新條例」第十條第一、第二項及第十九條第三項前段違反憲法。

《憲法》第十五條規定：「人民之生存權、工作權及財產權，應予保障。」只有在《憲法》第二十三條所說的「防止妨礙他人自由、避免緊急危難、維持社會秩序，或增進公共利益所必要者外，不得以法律限制之」的狀況下，可以例外。「都更條例」第一條立法的意旨，也是追求公共利益，關鍵在於公共利益如何決定？都更的過程中會產生爭

執、抗議，就是因為現行體制有問題。

　　臺灣為了追求經濟成長，僅由經濟觀點來詮釋土地的價值，認為這才合乎公共利益，但公共利益的內涵有這麼狹隘嗎？公共利益是抽象詞彙、不確定的法律概念，該如何定義？程序要如何進行？是專家說了算嗎？還是由大家共同參與、形塑、共同研擬出來的才是公共利益？大法官的〈七○九號解釋文〉已經做出重要的解釋：「大家經過溝通、對話、論辯後，所形成共識，才是公共利益。」

　　一般認為當地價提高或有經濟利益孳生，就屬於公共利益，這其實是不對的。因為每個人對土地的感覺和意涵都不一樣，土地的價值也隨之不同。

　　我曾寫過一篇文章〈在麥當勞與摩斯漢堡之間〉（2014 年 9 月 9日），在網路上流傳很廣，文章主角是政治大學側門對面，一棟夾在麥當勞和摩斯漢堡之間的房子，房子的主人既不出租房子也不賣屋，很早之前就如此。後來我才知道，女主人以前曾在政大上班，小孩也都發展得很好，根本不缺錢，這裡是他們的起家厝，有特別的意義。由此可以看出，每個人對土地的主觀認同和環境價值並不同。土地的價值非常多元，應該像大法官〈七○九號解釋文〉所強調的，應該讓不同聲音都能表達出來。

1　〈土地徵收應具備衡量公共利益之機制──地政及不動產學術工作者的建言〉，《聯合報》，2010/05/06。

2　〈人生有幾個六十年？──為「三七五地主」請命！〉，《自由時報》，2008/12/29。

3　臺灣農村陣線主編，《土地正義的覺醒與實踐：抵抗圈地文集》，臺北市：臺灣農村陣線、國立政治大學第三部門研究中心，2012。

4　陳東升，《金權城市──地方派系、財團與台北都會發展的社會學分析》，臺北：巨流圖書，1995），頁 191-198。

5　中華民國內政部地政司網頁，〈首頁 → 地政互動 → 地政問答 → 徵收業

務 〉，網 址：http://www.land.moi.gov.tw/chhtml/landfaq1.asp?fqid=811&cid=2
（2016/3/15 檢索）

6　1960 年代，日本政府為了增加國際航空機場，將羽田機場升格為國際機場，另覓
　　土地建設新機場。經過幾次輾轉變更預定地，1966 年 7 月 4 日，日本內閣會議
　　決議在東京都旁的千葉縣成田市三里塚地區，興建新東京國際機場，也就是現在
　　的成田國際機場。日本政府在事前缺乏充分說明及遷移計劃的情況下，決定在三
　　塚里地區增設機場，當地居民對此強烈反對，遂於當年 8 月 22 日成立「三里塚芝
　　山聯合空港反對同盟」，開始漫長的抗爭。1969 年，日本政府決定動用土地徵用
　　法，強制徵收農民土地。1978 年 5 月 20 日，機場在持續不斷的抗爭中啟用。資料
　　來源：〈365 集半世紀的闘爭——反成田機場徵收事件（一）〉，《客家新聞雜誌》，網
　　址 http://blog.roodo.com/hakkaweekly/archives/26414816.html。〈 三里塚成田
　　機場鬥爭事件簡介 〉，網址：http://jammertalks.blogspot.tw/2010/03/blog-post.
　　html。〈「空港反同盟」とは？〉http://www.sanrizuka-doumei.jp/blog/2008/01/
　　post_397.html#more（2016/03/14 檢索）

7　〈蛻變山城——木柵景美 140 高地〉，臺北市政府地政局土地開發總隊，〈首頁 →
　　業務資訊 → 區段徵收 → 已完成區段徵收區 〉，網址：http://www.lda.gov.taipei/
　　ct.asp?xItem=18005&ctNode=3246&mp=111011（2016/03/15 檢索）

8　中華民國內政部地政司網頁，〈首頁 → 資訊與服務 → 業務介紹 → 區段徵收 〉，網
　　址：https://www.land.moi.gov.tw/chhtml/content.asp?cid=86（2016/03/16 檢索）

在「麥當勞」與「摩斯漢堡」之間

　　政大最熱鬧的側門被稱為「麥側」，因為它的斜對面就是「麥當勞」，由於公車站牌就在旁邊，每日人進人出，川流不息。「麥當勞」的旁邊，幾年前開了一家「摩斯漢堡」，兩家店的生意都好的很。但我今日波文的重點既不是要談「麥當勞」，也不是要講「摩斯漢堡」，而是要請大家留意，在這兩家店之間，其實是緊緊夾著一間公寓，而多年以來，這間公寓的鐵門都是拉下來的，大概從我唸大學的時候就是如此，至今好像都沒有任何的改變。我不知屋主是誰，我也不知為什麼鐵門一直不願開啟，但它卻成為我上課時的教材。

　　我時常以它為例，請同學們思考土地及房屋的價值。指南路上熙熙攘攘，商業行為活絡，每個房屋都是金店面，一個月的租金至少都是十萬元以上，若以三十年為期，這間房屋的屋主，所損失的租金就已經是高達數千萬元，但是屋主竟然是完全的不為所動，你是否覺得屋主相當的不理性呢？我們可否直接敲門，要求屋主將房屋做高度的經濟使用？例如高價出租或是出售？但是，如果屋主不願意呢？我們可以來強迫他一定要依照經濟邏輯來思考並行事嗎？

　　什麼是土地的價值？一般我會將其分為三個部分，第一為經濟價值，即將土地視之為商品或資產（asset），是可以用來賺錢獲利的；第二為環境價值，即將土地視之為生態環境不可或缺的資源（resource），它不會因為是否為人類所用，才來彰顯其價值，這些資源有其自我存在的重要意義；第三為主觀的認同，即將土地及房屋視之為安身立命的地方（place），也就是所謂的家。這三大部分都是主

觀的價值，無所謂的對或是錯，皆必須予以尊重。但是，由於土地具備壟斷性格，其價格可以主觀予以創造，因此，在資本主義的社會裡，有權勢者往往將土地視為賺錢的工具，並逼迫別人也要從相同的角度來思考。

由於有權勢者覬覦於別人的土地，因此也創造出一些法規制度，用來剝奪人家的土地及房屋。他們強迫別人僅能由土地的金錢交換價格來評斷土地的價值，他們並堅持，只要給予相當的金錢補償，就可以任意來取走別人的土地及房屋。因此，相關制度被設計出來：如「土地徵收」著重的是金錢補償的價格（一般徵收）、或是抵價地分配的比例（區段徵收）；「市地重劃」著重的是抵費地的分配比例及位置；「都

土地正義

市更新」著重的則是權利價值的變換，只要給錢或是給予相當比例的土地，就可以大辣辣的把人家的土地取走，並把人趕走。

但是，這些有權勢者嚴重忽略了土地的多元價值，在他們眼裡，土地只是金錢，是投機炒作的工具。但是，對於那些土地被剝奪者，我們往往會聽到他們大聲的吶喊，這是我的家，我不願意搬離長久居住的家與社區。但是，他們這樣的述說，卻往往不被有權勢者所尊重，竟然還被批評為「不理性」！

然而，當我們確認土地原本就有多元價值的時候，誰才是真正的不理性呢？是要去徵收人家土地的政府及財團？還是那些被徵收戶呢？我認為是前者，他們才是真正的不理性者。我要很坦誠的向大家說，我幫助了那麼多因為土地徵收而組成的自救會，從來沒有一個自救會曾經向我開口，要求我去幫他們多要點金錢補償，從來沒有！他們往往告訴我，這裡是我的家，家是非賣品，我的家不賣，那股愛鄉愛土的精神，往往讓我非常的感動。

文末，你還會覺得在「麥當勞」與「摩斯漢堡」之間的屋主很不理性嗎？讓我再告訴你，在同一條街上，其實也有少數幾間房屋的屋主也是有著相同的行為，他們堅守著對於家的認同，不離不棄！換個角度，讓我們延伸思考，你要如何看待桃園航空城自救會的抗爭行動？你又要如何看待台南鐵路地下化東移自救會的抗爭行動？你又要如何看待其他許許多多自救會的抗爭行動？…，有了金錢補償或是安置住宅就可以剝奪人家與土地的關係及對於家的認同嗎？究竟誰才是不理性呢？

希望你能夠記得，在「麥當勞」與「摩斯漢堡」之間，還有一個溫馨的家！

2014 年 9 月 9 日刊載於《公民行動影音紀錄資料庫》

第六章
臺灣農地發展的歷史

自 1995 年回國後，我就一直不斷在報章發表關於土地改革與土地使用問題的文章，現在已邁入第二十一個年頭。經過多年對臺灣土改革與土地使用問題的研究，我認為臺灣農地發展的歷史，依經濟發展與農地政策的制定過程，大致可歸納為剝削、壓榨、農工爭地、農地管制、農地釋出等五個階段（表 6-1）。

第一階段：農地剝削時期（1945-1949）

　　此時國民政府還在南京，資源委員會把臺灣當成殖民地對待。在第四章公地放領已詳細敘述，此處不再贅述。

第二階段：農地壓榨時期（1949-1965）

　　這時期的主要政策有二：一是土地改革，另一是農業課稅和肥料換穀政策。土地改革包括三七五減租、耕者有其田與公地放領。雖然公地放領不是對人民的壓榨，但台糖撤佃引起農民的反彈，也成為這

表 5-2 一般徵收、區段徵收與市地重劃表

時間	名稱	內容
1945-1949	農地剝削時期	接收臺灣
1949-1965	農地壓榨時期	土地改革（1949-1953） 1953 年第一次四年經濟建設計畫 1957 年第二次四年經濟建設計畫 1960 年《獎勵投資條例》 1961 年第三次四年經濟建設計畫 1964 年美援正式停止
1960-1974	農工爭地時期	1965 年第四次四年經濟建設計畫 1965 年《加工出口區設置管理條例》 1969 年第五次四年經濟建設計畫 1973 年第六次四年經濟建設計畫
1974-1993	農地管制時期	1971 年中華民國退出聯合國 1973 年制定《農業發展條例》 1973 年《實施都市計畫以外地區建築物管理辦法》 1974 年《區域計畫法》 1976 年《非都市土地使用管制規則》 1977 年第七次六年經濟建設計畫 1979 年《科學工業園區設置管理條例》 1982 年第八次四年經濟建設計畫 1986 年第九次四年經濟建設計畫 1990 年第十次四年經濟建設計畫 1991 年國家建設六年計畫
1993-	農地釋出時期	1993 年《振興經濟方案》 1995 年《農地釋出方案》

個時期的重點。

另外，臺灣的經濟建設從 1950 年代初開始，由政府提出「以農業扶植工業，工業再幫助農業」的口號，於 1953 年展開為期四年的經濟

建設，直到 1964 年美援正式停止前，共進行了三次「四年經濟建設計畫」。在那段期間臺灣的經濟倚賴農業，以蔗糖、稻米賺取外匯。當國民政府撤退時，從對岸帶來兩三百萬人口，造成人口暴增，農民得幫忙養很多人，不但被政府課徵重稅，就連軍隊的稅、捐和勞軍，都由農業產值補貼。當時還實施肥料換穀政策，嚴重剝奪農民的權益。政府把農業的剩餘價值都拿走了，只有宣傳說得好聽，事實上不是這麼一回事。

第三階段：農工爭地時期（1960-1974）

1959 年末期，為了因應美援結束後的投資缺口，及改善投資環境、追求自力發展的目標，政府於 1960 年元月發布《十九點財經改革方案》（Nineteen-point Reform Program）[1]，並在美國的建議下頒布《獎勵投資條例》，希望臺灣能藉此達到自給自足。《獎勵投資條例》的重點有二：成立工業區或劃設工業用地，以徵收方式取得工業區及工業土地；減稅和免稅，透過提供土地、減免稅賦來促進經濟發展。《獎勵投資條例》自 1960 年 9 月頒布後，直到 1991 年 1 月才廢止，[2]臺灣的轉型與它息息相關。

工業區、科學園區、加工出口區與土地徵收

《獎勵投資條例》是臺灣設置工業區與科學園區的重要法規來源，此條例頒布後，臺灣的體質有了根本的轉變，就是我說的「轉骨」[3]——此時臺灣經濟起飛，直到 1960 年代後半，每年都有 8 ％、甚至超過 10 ％的成長率。

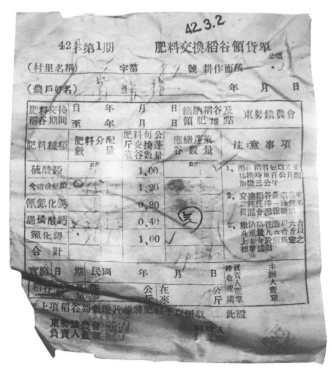

肥料交換稻穀領貨單。自 1950 年開始實施肥料換穀政策，農民必須以稻穀向糧食局肥料運銷處換取耕作所需之肥料，交換比率從 1949 年 1.5 公斤的肥料對 1 公斤稻穀，到 1967 年比例變為 1: 0.85，後來在 1973 年 1 月廢除。（拍攝於「農為國本──臺灣農業檔案特展」）

　　為了促進產業發展而容許政府徵收的概念，也套用在加工出口區的設置上。1965 年元月頒布的《加工出口區設置條例》規定：為促進投資及國際貿易，行政院得依本條例之規定，選擇適當地區，劃定範圍，設置加工出口區。[4]

　　加工出口區、科學園區的土地都能透過徵收取得，而政府透過徵

　　　　　　　　　　　　　　　　　　　　　　　土地正義

收取得土地的手段，也從以前延續下來。1979 年公告的《科學工業園區設置管理條例》規定：為引進高級技術工業及科學技術人才，以激勵國內工業技術的研究創新，並促進高級技術工業的發展，行政院國家科學委員會依本條例的規定，得選擇適當地點，報請行政院核定設置科學工業園區。[5]

1990 年頒布的《促進產業升級條例》，取代了之前的《獎勵投資條例》。新條例規定：為加速產業升級、提高產品的附加價值，以「功能別」的獎勵，取代《獎勵投資條例》的「產業別」獎勵，包括利用「租稅抵減獎勵措施」，鼓勵廠商進行研究發展、自動化和人才培訓等。[6]《促進產業升級條例》於 2010 年再改為《產業創新條例》[7]，立法重點有五項：一、提供多元化獎勵工具；二、全面推動產業發展；三、塑造產業創新環境；四、落實產業永續發展；五、轉型工業區為產業園區。直到現在，《產業創新條例》仍非常重要。

陳聖怡的著作《工業區的開發》討論了這個時期工業區的開發。陳聖怡曾負責工業區的開發工作，因此寫下親身的經驗，同時兼論相關的經濟發展脈絡。[8]

由行政院經濟安定委員會出版的《自由中國之工業》雜誌，長期以偏工業發展的立場談論農工爭地的問題，提倡農地要轉用，才能養活更多人[9]。其實這也是另一種對農村的榨取。

農村原本有很多工作人口，由於都市設立的工廠日益增加，需要人工，許多國中畢業的農村子弟到都市的工廠工作，年輕人因此不斷離開農村。這些離開鄉村的人口大都往北部大都會移動，臺北外圍的三重、新莊等地也在這個時期形成勢力龐大的雲林及彰化同鄉會。而這樣的人口移動，造成了區域發展不均衡——特別偏重在臺北、高雄兩地，當時的都市也無法容納暴增的人口。當時的臺灣省議會議長謝東

閔便提出「家庭即工廠」的概念，鼓勵大家回鄉工作，許多座落於農地上的工廠，就是起源於這個「家庭即工廠」政策。

農地汙染

我們通常以為，所謂的資源就是石油、煤礦這類能源產物，因而認為臺灣沒有資源，其實這是不正確的。「土壤」是臺灣很重要的資源，如桃園地區的表層黑色土壤，經過千百萬年的風化，土質變得十分肥沃。這樣的土壤是其他地方都沒有的珍貴資源，若能妥善利用，種植出臺灣地理和氣候環境下特有的農產品，就能彰顯這片土壤的獨特價值。可惜長期以來政府的政策一向犧牲農業、看不起農業，更不重視土壤、不瞭解土壤的價值，這個觀念必須反轉。

土壤的汙染與保護是環境政策的重要議題，但臺灣對土壤汙染的討論仍停留在環工等自然科學的領域，很少觸及政策制定和環保議題。環境政策應該涵蓋對土壤的保護，但目前臺灣在環保政策上罰則過輕，業者寧可受罰，也不願投資昂貴的環保設施。長此以往，臺灣土壤的問題變得日益嚴峻。

臺灣的《都市計畫法》是 1939 年 6 月 8 日國民政府在中國大陸時制定的，條文簡單，只有宣示性內容，從未編寫施行細則，不僅徒具法的形式，而且不曾實施過。戰後臺灣的都市計畫沿用日本 1936 年所訂的《都市計畫令》，直到臺灣在都市化與工業化的雙重發展下，人口逐漸集中，造成區域發展嚴重的不均衡，而《都市計畫令》已無法適應時代需求時，才於 1964 年 9 月第一次修正《都市計畫法》。

1965 年美援正式停止後，美國鼓勵外商來臺投資，美商通用公司（當時最大的電子公司之一）首先來臺，美國無線電公司（RCA）也於

RCA 桃園舊廠位於桃園市桃園區中山路與文中路之間，廠房占地約 7.2 公頃，周邊五十公頃範圍都列為地下水汙染管制區。2016 年 4 月 17 日，臺北地方法院一審判美國無線電公司（RCA）及法國湯姆笙公司（TCE）應賠償新台幣 5 億 6445 萬元，目前 RCA 桃園舊廠址之地下水汙染仍超過管制標準，計劃整治到 2019 年。（中央社提供，邱俊欽攝影）

1970 年在桃園設廠。如今存在於臺灣農地的非法工廠，就源自當時根本沒有對農地進行管制，加上政府提倡的「家庭即工廠」，造成農地的汙染。直到 1974 年制定了《區域計畫法》及後續的《非都市土地使用管制規則》，才開始對農地管制。只可惜當時對農地的汙染問題沒有概念，不理解其嚴重性，因而農地管制後並沒有追溯過往的既定事實。

自從法令開始對農地實施管制後，業者蓋在農地上的工廠，大都遊走於法律邊緣——工廠本身合法，但土地的使用是非法的。例如臺北古亭區師大夜市的商家，雖然是合法登記，但夜市座落在住宅區內，則是非法。

一直以來，經濟部為了增加財源，只要商家提出申請，幾乎都核發工廠許可證，不會去查核工廠設立的地點是否合法。依照規定，工廠不可蓋在農地上，被查到一般要罰六萬元。但各地縣市長卻很喜歡這些非法工廠，因為地方政治人物大部分的工作都在「喬」非法的土地使用。《區域計畫法》規定，政府可對非法蓋在農地上的違章工廠連續開罰，並限期回復原狀，否則以公權力拆除；但地方政府不僅不拆，即使開罰，也在第一次罰完後因為議員說情，就睜一隻眼閉一隻眼，因此造成現在臺灣到處是非法工廠。

被汙染的農地，基本上是無法復原的。解決土壤汙染的成本很高，政府現今編定每公頃的整治經費約為六百萬，卻還是無法根治。目前通用的整治方法，是以用怪手翻挖遭汙染的土壤，挖到很深的紅土礫石層時，就把上層被汙染的土壤往下翻，上下左右拌攪調勻。如此操作，可將土壤中的汙染數值稀釋到符合檢驗標準，但真正的汙染物質並沒有清走——就算把汙染的土壤清走，也無處可放置。

我做田野調查時曾遇到當地農民，他們把土壤汙染的整治形容得很傳神：「就像煮一鍋湯，一開始鹽下太多，湯變得太鹹，只好多加水。」所謂的整治成功，其實都沒成功。受汙染的農田沒有方法可救，也沒辦法復原。

以 1978 年美國水牛城的土壤汙染為例，當時虎克化學公司（Hooker Chemical）在水牛城的廢棄運河「愛渠」（Love Canal）不當傾倒了 22000 噸高毒性化學廢料，嚴重汙染環境並影響居民的健康，美國政府於 1980 年緊急通過《超級基金法案》（Superfund），砸下十六億美元的費用整治，原本以為花大錢可以用科技的手段解決汙染問題，後來才發現情況很不樂觀，之後美國政府就放棄了。[10]

黃墘溪下游的鎘汙染

　　臺灣社會其實並不真正了解土壤汙染問題的嚴重性。1981 年，桃園縣蘆竹鄉發現汙染，到現在都沒辦法解決；桃園市（今桃園區）1994 年爆發的 RCA（美國無線電公司）汙染事件，也沒辦法解決。RCA 汙染地也在蘆竹鄉附近，為什麼汙染地都在蘆竹鄉？因為那裡剛好是都市的邊緣地區。

　　根據環保署的資料，80 ％以上臺灣農田的汙染都是工業廢水排放所造成。我曾在桃園黃墘溪研究土壤汙染，得知土地受汙染的關鍵就是工業造成的問題，因為農田引工業廢水灌溉。中壢工業區的面積約有四百公頃，工廠把廢水排到黃墘溪，溪流長期受到汙染，溪裡幾乎沒有任何生物生存，下游的農田也全部含有鎘、鉛、銅、鎳等各種汙染，檢驗則有時通過、有時不通過，反反覆覆。後來政府也不敢去檢驗了，因為連農民也不敢吃自己種出來的米。我問農民把米送到哪裡去？他們說：「送到臺北，臺北人比較不怕死。」

　　蘆竹鄉中福里位在黃墘溪旁，也因土壤遭鎘汙染而被限制耕作，農民買了農機具，也只能放著生鏽，必須到外地打工，從事勞力工作。早期一位受訪者對我說：「爸爸躲在家裡無所事事，像失去戰場的戰士。」

　　《人間雜誌》曾報導過「高銀化工鎘汙染」的案例，報導中形容被汙染的土地是「一塊死去了的，即將被遺棄的大地。」解決土壤的汙染問題，首先必須解決工業廢水排放，從源頭開始治理，否則後端怎麼整治都沒有用。

　　還有一個悲傷的故事。1958 年為了興建石門水庫，居住在那裡的泰雅族卡拉（Qara）部落被遷到大溪河床邊，後來颱風將他們的聚落淹

掉，族人只好再遷到觀音海邊。這些原住民原本住在山裡，現在卻變成住在海口。更糟糕的是，遷移時政府發給他們補助，族人拿去買地，結果居然買到鎘汙染的土地，因此也無法耕種。我以前在中壢國防部營區當兵，往返火車站途中，曾注意到海邊住了一些原住民，後來才知道，他們就是以前卡拉部落的原住民。[11]

我曾讀過伊凡·諾幹（原名伊凡·尤幹）發表《中國時報》的一篇文章：〈遷村悲歌唱不完，彷若置身「異域」〉，敘述族人的歷史[12]，我一直忘不了其中的一句話：「在都市的公寓裡，等待死神召喚。」部落的孩子在都市裡學習，而且學的是與傳統文化無關的——漢人的「社區總體營造」。

第四階段：農地管制時期（1974-1993）

1964 年的《都市計畫法》只規範了都市地區，都市以外的區域卻沒有管制法源，因此產生很多混亂。1971 年臺灣被逐出聯合國，兩岸情勢緊張，政府擔心若戰爭發生，糧食會不足。政府為了確保糧食安全自給率，促進農地的合理利用，於是調整農業的產業結構，在 1973 年制定了《農業發展條例》。此法名稱雖是「農業發展」，實質內容則環繞著「農地」，此後便開始管制農地使用。[13] 從地政學的角度來看，這個階段的主要政策就是非都市的管制，雖然效果有其侷限性。

1973 年 12 月頒布的《實施都市計劃以外地區建築物管理辦法》[14] 第二條規定：「在實施都市計畫以外之地區興建建築物，除本辦法另有規定外，非經縣（市）主管建築機關許可發給執照，不得擅自建造或使用。」1974 年 1 月制定的《區域計畫法》，宗旨為「為促進土地及天然資源之保育利用，人口及產業活動之合理分布」，將非都市地區的土

地編定再管制，限制建地無限度地擴張。[15]

　　1976年3月在《區域計畫法》的基礎上，制定《非都市土地使用管制規則》[16]），將非都市土地劃定為特定農業、一般農業、工業、鄉村、森林、山坡地保育、風景、國家公園、河川、海域、特定專用等使用分區。現在的農牧用地、特定農業區、一般農業區等，都是上述《區域計畫法》與《非都市土地使用管制規則》所訂定的。

　　依照《區域計畫法》的規定，土地管制和查緝的主要權責單位為地方政府。程序為：鄉鎮公所查報違法後，送到縣府由縣府執行，限期恢復原狀，不然就要強制拆除。但土地的背後總牽涉到複雜的地方政治，縱使查報，地方政府通常頂多開罰一次，並沒有強制拆除。鄉鎮村里的幹事都了解，縣府編列的拆除預算都是表面功夫：預算送到議會審查，不是全部刪掉，就是刪到剩下一點錢，讓人沒辦法做事。這種從1950年代承襲下來的惡習陋規，就是農地汙染的根源。1960年代制定的《區域計畫法》因為不溯及既往，只能承認已經存在的既定事實。

　　臺灣農地政策的精神一直是「農地農有，農地農用」。2000年修法前的《土地法》三十條及三十一條之一規定：承售人以自耕農為限，亦即土地買賣的買主一定要有自耕農的身分，不是任何人都可以購買農地，必須提出「自耕能力證明書」。然而，管制歸管制，有力人士還是有辦法突破管制。前文提到政治人物的工作之一，就是「喬」土地相關事務。而自耕農證明書在里長的層級就能發放，因此1990年代才會有著名的「假農民事件」，新光集團吳家就擁有自耕農身分，因此才能去買農地。現在很多知名的建商都是從那時候開始買都市邊緣的農地，林榮三家族的三重幫是其中之一。都市計畫議題中的「都市蔓延」（Urban Sprawl）現象，就是這樣造成的。

「農地農有」的規定在 2001 年《農業發展條例》修正後廢止，現在的法令只強調「農地農用」。陳東升的《金權城市》寫的就是 1980 到 90 年代的土地買賣。[17]

　　《區域計畫法》的施行，在雲林、嘉義等住宅使用需求不高的區域是有效的，但是在擴張壓力很大的臺北市、新北市及桃園市，就難以發揮效力，三重、新莊等都市邊緣地區的農地，因此有很多違規的情形。

　　1970 年代末，兩岸的緊張情勢漸趨緩和，開始有人議論政府的管制辦法太過僵化，因此有了 1983 年 7 月試辦的《山坡地建築管理辦法》，從山坡地開始開放管制。《區域計畫法》於 2000 年 1 月修法，將農地部分納入「開發許可制」，也就是說，只要提出申請並經過審查，就可以開發──意思等於全面開發。官方說這是引入英國的開發許可制，但英國的土地開發並不似臺灣目前的作法。

第五階段：農地釋出時期（1993-）

　　1992 年郝柏村下臺，是重要的時代指標，代表臺灣軍政時期的終結。1993 年連戰上臺後，推動新自由主義，要求政府鬆綁，不要管制太多。1993 年 7 月提出《振興經濟方案》，推行亞太營運中心；1995 年 8 月又制定《農地釋出方案》，有計畫地釋出農地。在新自由主義的影響下，農地漸漸去管制化，不斷釋出，期間陸續於 2000 年 1 月修訂《農業發展條例》，廢除《土地法》三十條及三十條之一，唯有自耕農才能承購農地的規定，只保留「農地農用」。但農地並沒有真的「農用」。基本上，「農地農有，農地農用」八字箴言，在 2000 年後完全破功。

　　同樣地，《農村再生條例》的重點，也不是農村再生，而是農村土

地開發。2001 年 4 月,根據《農業發展條例》第十八條第五項修正頒布了與農舍修建有關的《農業用地興建農舍辦法》[18]。

土地徵收一直沒有停止。直到現在,臺灣的土地仍屬於「農地釋出階段」,宜蘭農舍、苗栗大埔等都屬於「農地釋出」,其中苗栗大埔原本是特定農業區。

在 1993 年以後,因為政府的財政越來越窘困,「區段徵收」的案件變得越來越多。政府向來透過都市計畫和區域計畫來統治社會,也透過土地拉攏派系、鞏固樁腳。地方派系靠土地的開發炒作、靠土地政治賺錢,而且這些樁腳的權力甚至直達中央層級。土地炒作的錢很好賺,價格都由自己決定,一本萬利。所以當候選人選上縣市長,都會把都市開發委員會的委員變成自己人,然後開始做都市計畫變更。

現行的都市計畫體制從戒嚴時期延續到現在,一直未脫威權色彩,因此也最好操控。這就是為什麼在營建署前面經常發生針對都市計畫的抗爭。至今都委會還是以高高在上,非常菁英、威權的姿態要求變更、徵收土地,就像蔣介石時代的作法。解除戒嚴已近三十年,現在是民主時代,還用這種方式搶人民的土地,人民絕對受不了。前幾年有人做創意 T 袖,上面寫「政府」二字,但是字旁的注音寫「ㄑㄧㄤˊ ㄉㄠˋ」(qiáng dào,強盜),這樣的詮釋很有意思。

1　《十九點財經改革方案》(Nineteen-point Reform Program),國家發展委員會,〈首頁 → 查詢專區 → 經濟小辭典〉,網址:http://goo.gl/K6BtFu(2016/03/14 檢索)

2　《獎勵投資條例》(1960/09/10-1991/01/30),全國法規資料庫,〈首頁 → 法規 → 獎勵投資條例〉,網址:http://goo.gl/zl7Dhg(2016/03/14 檢索)

3　轉骨(tńg-kut),指青春期男女身體各部位發育成熟,由小孩變成大人的時期。

4　《加工出口區設置管理條例》（1965/01/30~），全國法規資料庫，〈首頁 → 法規 → 加工出口區設置管理條例〉，網址：http://goo.gl/oY2ihJ（2016/03/14 檢索）

5　《科學工業園區設置管理條例》（1979/07/27-），全國法規資料庫，〈首頁 → 法規 → 科學工業園區設置管理條例〉，網址：http://goo.gl/e6dI2e（2016/03/14 檢索）

6　《促進產業升級條例》（Statute for Upgrading Industry, 1990/12/29-2010/05/12），國家發展委員會官網，〈首頁 → 查詢專區 → 經濟小辭典〉，網址：http://goo.gl/MvBv1S（2016/04/06 檢索）

7　《產業創新條例》（2010/05/12-），〈立法院院會三讀通過制定《產業創新條例》，並廢止《促進產業升級條例》，《中央通訊社》（2010/04/19），網址：http://goo.gl/CLLu6b（2016/04/06 檢索）

8　陳聖怡，《工業區的開發》，臺北：聯經出版，1982。

9　行政院經濟安定委員會工業委員會編，《自由中國之工業》，1954-2002。2003 年更名為《臺灣經濟論衡》。

10　《臺灣大百科全書》，網址：http://nrch.culture.tw/twpedia.aspx?id=3426（2016/04/10 檢索）

11　官鴻志，〈再見，林投花——地老、天荒、大潭村〉，《人間雜誌》5（1986），頁 6-21。

12　伊凡・尤幹，〈遷村悲歌唱不完，彷若置身「異域」〉，《中國時報》（1996/11/23，11 版）。

13　全國法規資料庫，〈首頁 → 法規 → 農業發展條例〉，網址：http://goo.gl/96XYiD（2016/03/14 檢索）

14　《中華民國內政部營建署》，〈首頁 → 最新消息 → 法規公告 → 實施都市計畫以外地區建築物管理辦法〉，網址：http://goo.gl/FEiARF（2016/03/14 檢索）

15　《區域計畫法》於民國 63 年 1 月 31 日頒布，為促進土地及天然資源之保育利用，人口及產業活動之合理分布，以加速並健全經濟發展，改善生活環境，增進公共福利，特制定本法。全國法規資料庫，〈首頁 → 法規 → 區域計畫法〉，網址：http://law.moj.gov.tw/LawClass/LawHistory.aspx?PCode=D0070030（2016/03/14 檢索）

16　《內政部地政司地政法規全球資訊網》，〈法規快速搜尋 → 非都市土地使用管制規則〉，網址：http://www.land.moi.gov.tw/law/chhtml/map.asp（2016/03/14 檢索）

17　陳東升，《金權城市：地方派系、財團與臺北都會發展的社會學分析》，臺北：巨流，1995。

18　《農業用地興建農舍辦法》民國 90 年 4 月 26 日頒布：本辦法依《農業發展條例》第 18 條第 5 項規定訂定之。

第七章
土地徵收的要件

土地徵收有六大要件：法律形式規定、促進公共利益、必要性、比例性、最後不得已手段及完全補償，[1]執行土地徵收前，必須符合這六項要件，缺一不可。「徵收六要件」最重要的精神就是要約束公權力，不讓政府隨意進行浮濫徵收。事實上，當政府財政出現嚴重赤字時，政府其實應該以加稅而不是以徵收土地的方式來彌補財政的空缺，但是因為現階段人民不喜愛加稅，政治人士擔心加稅會影響他們的選票，所以不以提高稅賦的方式擴充財務，地方政府則更是以侵害基本人權的「土地徵收」來解決問題。

土地徵收六要件

一、法律形式規定

　　「法律形式規定」的學術名詞是「法律保留原則」。土地徵收一定要有法律明文規定，符合規定才能啟動徵收。但目前法律的規定相當模糊、抽象，尤其是對「區段徵收」的規範幾乎無所不包，有待未來修法。

二、促進公共利益

公共利益是抽象的詞彙，是法律不確定的概念，它的內容必須透過正當的法律程序，由大家共同來定義與形塑，並且其內容也會隨著時間而有所轉變。例如，縣市政府常用蓋學校的名義徵收土地，蓋學校屬於公共利益，問題在於真的有蓋學校的需要嗎？現在又是少子化年代，校地的需求不增反減，因此近年也湧現收回土地的爭議。[2] 例如臺北市和平國小興建案，2015 年時被臺北市長柯文哲否決了，然而此案早在 1973 年就已規劃。這也是都市計劃沒有通盤檢討的結果。[3]

三、必要性

土地徵收必須嚴謹評估是否有必要徵收——所欲興辦的事業是否確實需要，所需要的土地為多少等，都必須經過非常嚴謹的評估。以苗栗大埔案為例，劉政鴻縣長執意進行徵收的理由，乃是因為「群創光電」需要土地，也提出了「投資意向書」。如今土地徵收了，「群創光電」卻沒有進去設廠或興辦原本承諾的事業，這表示當初的興辦事業根本是虛假的。

四、比例原則

《行政程序法》第七條第二項規定：「有多種同樣能達成目的之方法時，應選擇對人民權益損害最少者。」[4] 如果真的要徵收土地，也必須盡量降低對人民利益的損害，而不是隨手框出土地的範圍，想要多大就多大。例如南鐵地下化就是一個例子，倘若有不徵收或減少徵收也能夠達成鐵路地下化的選項時，政府就不應該隨意啟動東移的土地徵收。

五、最後迫不得已手段

土地正義

民主憲政國家都把徵收視為最後迫不得已手段，所以「土地徵收」的案子相當少，因而我們說「土地徵收」是尚方寶劍、屠龍寶刀，不能輕易出鞘。臺灣卻「把寶刀拿來當菜刀」，這是不對的，不符合「最後迫不得已手段」的要件。臺灣的「土地徵收」如此浮濫，與過往的威權獨裁統治及土地改革歷史息息相關，是政府從 1953 年「耕者有其田」沿襲至今的惡例。解嚴之後，地方政府因為需要彌補財政缺口及滿足地方派系土地投機炒作的需要，「土地徵收」的操作更是變本加厲。

六、完全補償

　　在前述五個要件都符合的情況下，最後才會進入「完全補償」的階段。而我國「土地徵收」目前的補償金額，雖然法律規定是以「市價」為準，但是，這個「市價」卻又由地方政府的地價評議委員會完全操控，也就是說，「市價」是由市政府所決定的市價，而不是一般買賣交易市場的市價。因此現行的作法，大概是以公告現值為依據，加四成予以補償，這和真正的市價有一大段差距，屬於「相對補償」，而不是「完全補償」。

　　「區段徵收」最重要的核心，是土地使用項目的變更，對於想炒作土地的人來說當然很樂意，但務農者未必歡迎。也會有不想繼續務農的地主，願意退讓部分權益，趁「區段徵收」的機會，讓農地變成住宅用地或商業區。但不管是「一般徵收」或「區段徵收」，都有人贊成、有人反對，關鍵還是要回到徵收的六個要件。可是政府時常只符合了「法律形式規定」這一項，就開始徵收，之後就直接跳到第六項的補償，也就是只談第一項和第六項，幾乎完全忽略了第二項至第五項。正確的做法是，符合全部六項徵收要件之後才可進行徵收。

德國政府「以地換地」的比例是 5：1

　　在此舉一個其他國家的例子。我在政大擔任系主任時，曾經兩度邀請德國慕尼黑工業大學學者馬格爾（Holger Magel）和德國巴伐利亞自由邦 Weyarn 鎮長佩爾澤（Michael Pelzer）來政大交流[5]。在第二次訪臺時（2014 年），兩位學者分享德國的「土地徵收」經驗——巴伐利亞自由邦雖有「土地徵收」的法令，但因為「土地徵收」有嚴重侵害基本人權的疑慮，政府其實很少使用，大都用「以地換地」的方式取得公共用地，而換地的比例竟然是 5：1——用五倍大的土地，交換地主的土地，但交換的土地未必在原址。

　　德國政府也會直接購買或以重劃的方式與原地主換地，當然要符合法律、公共利益、必要性、比例性等要件，土地所有權人也較能體諒接受。到現在德國政府仍持續購買土地，因為德國有「土地儲備制度」，規定德國農民要出售土地時，市政府或鄉公所有優先購買權，因此德國政府才能持有很多公有地，當有需要時就可以用公有地和地主交換土地。[6]臺灣其實也有很多國有地（如臺北華光社區），也可以和被徵收者換地，但是政府覺得不划算。

　　《憲法》第十五條保障人民的財產和生存權，[7]而《憲法》第二十三條則規定：為促進公共利益，可以剝奪人民財產權。[8]「公共利益」是抽象的詞彙，也是法律不確定的概念，因此，如何決定、定義、詮釋「公共利益」，是都市計畫及公共政策研究中最核心的課題。在威權時代，我們讓專家及少數行政官僚所組成的委員會來決定什麼是公共利益，現在依舊不變，還是透過如都市計畫委員會、土地徵收審議委員會（現改名土地徵收審議小組）來決定大多數人的權益。

　　我們以為專家代表客觀中立，讓社會誤以為這些委員會都是由專

家組成，但不論是中央或地方政府，都很少對外說明：政府官員在委員會中大概占多少比例？雖然政府宣稱，官員在委員會中並非多數，但其實他們才是實質多數。事實上，一個委員會中，行政官僚的數量就將近一半，政府只要能再掌握少數的委員，就能夠球員兼裁判，不管什麼計畫，都能通得過。舉例來說，內政部都委會總共有二十七人，其中政府行政官員佔十三位，幾乎是總委員人數的一半，剩下的學者專家與社會熱心公益人士，也都是由首長聘任，都是與政府關係良好的人，也就是我們常說的「御用學者」。我們常替專家型塑出「客觀中立、無涉政治」的形象，但很多專家其實都是聽命於人，是非常政治的。

舉辦聽證會，才是符合行政程序和公共利益

　　地方政府的「都市計畫」、「土地徵收」都是政府自己提案，審議者也是自己人，也就是右手提案、左手審查，即使被抗議，還是會通過。這個機制到現在也沒改變。因為主管的業務機關不同，「都市計畫」進入「土地徵收」程序，才會回到徐州路內政部的地政司，可是主要關鍵，卻是內政部營建署主管的「都市計畫」，所以現在營建署前有很多抗爭，包括南鐵地下化、苗栗灣寶、大埔等案子，都會到那邊抗議。營建署一般都在六樓開會，那層樓像是「屠宰場」，苗栗大埔張森文自殺等事件的源頭都是營建署審核許可的「都市計畫」。

　　我們的行政程序法很早就有「聽證會」的設計，但政府一直在迴避。苗栗大埔案之後，臺灣農村陣線一直在努力爭取，提出修法版本，經過激烈抗爭後，終於在三年前突破缺口：2012 年 1 月《土地徵收條例》修法，規定「土地徵收」的農地若位在特定農業區，且有重大爭議，

2014 年 9 月 11 日，台灣人權促進會在立法院指控，桃園地景藝術節背後隱藏的是侵害人權的土地炒作，桃園航空城拆遷戶在記者會上泣面控訴。（中央社提供，王飛華攝影）

政府就必須舉辦「聽證會」。事實上，一般農業區和一般土地都有可能面臨到徵收，民間版本原來希望，當進行「土地徵收」時，只要有人提出異議，政府就必須舉辦聽證會。可是在立法院協商時，國民黨政府卻不願接受民間提議，最後挨不過民間的強烈訴求，僅同意特定農業區舉辦聽證會，也就是苗栗大埔的農地類型。

桃園航空城的徵收案於 2015 年底舉辦預備聽證會，2016 年 4 月舉辦正式聽證會，是《土地徵收條例》修法後的第一個案例。可以說，桃園航空城能夠舉辦聽證會，是苗栗大埔的犧牲所得到的成果。

那次對「聽證會」的修法，關鍵在於「公共利益」的決定方式。以前的「說明會」和「公聽會」，民眾只有形式上的參與，沒有實質意涵，

政府也沒有實質回應。而且大部分的結論其實都已經預先做好，我們提出意見，主辦單位聽完都是制式地回答：「您的意見很寶貴，提供重大價值，我們回去後會考慮把您的意見納入計畫中。」但之後卻沒有一點改變。而「聽證會」則要在事前提供資料，行政官員也必須答覆意見，民眾所提出的質疑若未被採納，也必須提出不接受的理由。透過溝通、辯論後所形成的共識，才是真正的的公共利益。

再舉文林苑的例子，雖然它是都更案，但實質內容卻是徵收。2013年4月大法官針對士林文林苑事件做了七〇九號解釋文，宣佈《都更條例》有三條文違憲，最主要的關鍵就是公共利益決定的方式有問題。公共政策研究者，都認為公共利益是由大多數人決定，不應該由少數人決定。專家應該要更謙卑，要幫助人民做選擇，而不是取代人民做選擇。因為專家離地方民眾非常遙遠，沒去過當地，也不瞭解當地民眾的想法。

七〇九號解釋文中，特別提到舉辦「聽證會」，也就是要先詮釋、定義「公共利益」。從2010年開始，這幾年剛好是對「公共利益」詮釋方式重大轉變的時期，這也是臺灣能否走向民主政治的重要關鍵。千萬別認為這只是土地政策或都市更新，其實和臺灣民主政治有很大的關聯——就像臺語說的，這是一個「轉骨」、「轉大人」時期。雖然臺灣在1987年解嚴，但政策制訂的決策體制完全沒變，「公共利益」的決定權還是由少數人把持，仍舊是非常獨裁式的「統治」，完全談不上「治理」，因為「治理」要有實質的民眾參與。

大法官七〇九號解釋文，是對制止浮濫「土地徵收」非常重要的條文。透過解釋文可知，《都市更新條例》至少有三項條文不符合正當行政程序。七〇九號解釋文記載如下：

中華民國 87 年 11 月 11 日制定公布之都市更新條例第十條第一項有關主管機關核准都市更新事業概要之程序規定，未設置適當組織以審議都市更新事業概要，且未確保利害關係人知悉相關資訊及適時陳述意見之機會，與憲法要求之正當行政程序不符。同條第二項有關申請核准都市更新事業概要時應具備之同意比率之規定，不符憲法要求之正當行政程序。

92 年 1 月 29 日修正公布之都市更新條例第十九條第三項前段規定，並未要求主管機關應將該計畫相關資訊，對更新單元內申請人以外之其他土地及合法建築物所有權人分別為送達，且未規定由主管機關以公開方式舉辦聽證，使利害關係人得到場以言詞為意見之陳述及論辯後，斟酌全部聽證紀錄，說明採納及不採納之理由作成核定，連同已核定之都市更新事業計畫，分別送達更新單元內各土地及合法建築物所有權人、他項權利人、囑託限制登記機關及預告登記請求權人，亦不符憲法要求之正當行政程序。上開規定均有違憲法保障人民財產權與居住自由之意旨。相關機關應依本解釋意旨就上開違憲部分，於本解釋公布之日起一年內檢討修正，逾期未完成者，該部分規定失其效力。[9]

地方政府的兩大財源：區段徵收、市地重劃

「一般徵收」與「區段徵收」都被歸類在「土地徵收」的大項底下。「一般徵收」只能領錢，也就是現金補償，如南鐵地下化案；「區段徵收」則可以選擇領土地或領錢，如苗栗大埔案。臺灣的「區段徵收」是徵收農地，將農地變更為建地或住宅區、商業區，再依徵收當時的土地總價，換算等值的土地領回，稱做「抵價地」。（表 7-1）舉例來說，如果農地當初的徵收價格是一坪十萬，徵收一百坪，總徵收金額

土地變更方式	類別	取得者
區段徵收	抵價地	人民
法規依據	配餘地	政府
市地重劃	抵費地	政府

為一千萬，土地變更為商業區後，一坪土地價值一百萬，地主就只能領回十坪土地。最大的問題在於：原有農地價格以及開發後的建地價格，兩邊的價格都是政府在決定，其中的「眉角」（竅門）就是，政府左手把農地價格拉低、右手把建地價格拉高，兩邊都是政府的操作，而且開發的費用也往往會有灌水的現象。

透過「區段徵收」，政府可拿到徵收總面積三分之一的土地，稱做「配餘地」——政府標售時使用的法律名稱是「可建築用地」，而民間不動產或仲介則俗稱「配餘地」。「市地重劃」需民間自費，若民間不出錢，由政府來幫忙辦理重劃，那重劃的費用就用部分土地抵給政府。抵給政府的土地稱為「抵費地」，未來政府再將「抵費地」進行標售，回收成本。

透過「區段徵收」和「市地重劃」，地方政府取得「配餘地」與「抵費地」並標售，所獲得的土地收益，是地方政府最重要的兩項財源，俗稱為「地政的兩大手段」。桃園、新竹、苗栗等縣市政府就是一直運用「區段徵收」來賺錢。臺中七期重劃區光是標售「抵費地」，讓臺中市政府賺了三百億，只是地方政府的財政缺口實在太大，還是補不起來。但在雲林這種農業縣市，這招就不管用了。

「區段徵收」的本質：地方政府以「合作開發」之名行徵收之實

我原本對「區段徵收」並不十分了解，後來因為介入大埔案而深入探討「區段徵收」，才赫然發現「區段徵收」本身的定義很有問題。早期《土地法》就有「區段徵收」這個名詞，但沒有定義，只寫著「全區徵收，規劃開發」。直到 1986 年修改《平均地權條例》，才在修正前言的解釋欄中對「區段徵收」進行定義：「政府強制民間一定要參與的土地合作開發事業。」

雖然條文這麼寫，但政府徵收時卻只強調後面那句「土地合作開發事業」，讓徵收看起來像是民間的「合建」，一方出地、另一方出資金和技術，事成後再依比例分配，卻不談前面那句「強制參加」。「合作開發事業」應該是可以談條件，直到雙方合意接受，「區段徵收」則沒得談。政府「強制」人民參加，又宣稱是「合作」開發事業，實在是很矛盾。

「強制」是一隻藏在背後的手，「合作開發事業」則是擺在前面虛假的幌子。美其名是「共享開發利益」，但它的本質其實是「徵收」；既然本質是「徵收」，就必須符合前述的「徵收六大要件」。但政府卻強調這是「土地合作開發事業」，與「徵收」不同，所以不需符合徵收要件，這是最關鍵的事情。

政府內部有一批人長期與建商財團同聲應和，希望將「區段徵收」從《土地徵收條例》中移除，單獨另訂法則，他們認為「區段徵收」不是「徵收」，是合作開發事業。但是，我們的觀點是，「區段徵收」的本質還是「徵收」，目前也仍然制訂在《土地徵收條例》裡。我認為應該廢止「區段徵收」，而不是獨立出來成為另一個法，既然它的本質是「徵收」，何必遮遮掩掩地騙人？

1999 年 2 月制訂的《土地徵收條例》，把本來散布在《土地法》及《平均地權條例》中的土地徵收條文整理集中，但並未修改內容。《土地徵收條例》第三條為「一般徵收」、第四條為「區段徵收」，其條文內容非常恐怖，幾乎無所不包：

一、新設都市地區之全部或一部，實施開發建設者。二、舊都市地區為公共安全、衛生、交通之需要或促進土地之合理使用實施更新者。三、都市土地之農業區、保護區變更為建築用地或工業區變更為住宅區、商業區者。四、非都市土地實施開發建設者。五、農村社區為加強公共設施、改善公共衛生之需要或配合農業發展之規劃實施更新者。

根據以上條文內容，臺灣幾乎每個地方都可以被「區段徵收」。

不合時宜的「區段徵收」

我們從歐洲學來的「區段徵收」，是十九世紀的制度，只有短暫在德、法、日等國實施。《土地法》在 1930 年制訂，當時是因為山東膠州灣曾是德國租借地，而引進了「區段徵收」等名詞，但「區段徵收」卻從未在中國實施。歐洲在二十世紀上半葉廢除「區段徵收」，主要理由是因為有「一般徵收」，便不需另訂「區段徵收」。但臺灣政府覺得「區段徵收」很好用，所以到了二十一世紀的今天，還在使用十九世紀的舊制度，說起來令人慚愧。

臺灣有很多法令都不符合民主憲政，雖然解嚴了，解除黨禁、報禁，出國也變得容易，好像比以前自由、民主，但這都是「小確幸」，

與人民權利福祉相關的重要法令卻沒有多少改變。公務員也不認為自己有錯，因為他們都是依法行政。倘若民進黨官員沒有警覺到這一點，就會變得和國民黨一樣。令我感到安慰的是，我的一些學生在南部縣市當主管，他們知道條文有問題，已經盡量不去動用「土地徵收」。行政官員也知道法律有問題，但因為上層的壓力，只好硬著頭皮做，變成了名符其實的劊子手。欲防止這種現象，就應該趕快修改法律。

「土地政治」等於「地方政治」

關於土地的非法使用，臺灣並不欠缺管理的法令，缺的是政府的執行力，尤其是地方政府。其實法令都有很嚴格的規定，可以拆除違規的工廠、恢復原狀，但長期以來地方政府都不做，地方政治人物做的很多事情都是在「喬」這些土地違規使用，地方首長又和派系緊密連結，雖然有法令規定，但仍然無法好好落實。

臺灣的土地非法使用的現象非常嚴重，2016 年的臺南永康震災與此有關。臺灣的建商有七、八成是「一案建商」，比例這麼高的原因，是因為政治。地方派系主要透過土地來獲利，建築業、砂石業的毛利高達五成，都和土地利益有關，顏清標就是靠砂石業起家。地方派系會在「區段徵收」前進場買農地，徵收完配地，他們的地往往配得比較方正，位置也比較好。譬如苗栗大埔的地方派系開建設公司也賣房子。

我們這行都說「土地政治」等於「地方政治」，地方首長主要就是透過土地治理來掌控地方。雖然美國也是如此，但不像我們這麼惡質。這些制度大都是從國民黨時期建構起來，國民黨為了贏得政權，讓地方派系予取予求，完全忽略人民基本的生存權和尊嚴，房價也搞得這麼高，就是經由土地政治，仰賴派系來幫他們贏得政權。為

了掌權，國民黨只在意經濟成長，而犧牲了基本人權、公平正義、生態環境，也養大了派系。以前國民黨能贏，現在已無法那麼順遂，他們要痛定思痛，也期許民進黨能堅持和落實民主政治、基本人權及社會公平正義。

為何臺灣經濟無法起來？很大的原因是太多資金都壓在房地產。舉一個例子，最近我參加喜宴時，與臺大電機系、交大電子系等工科背景的朋友同桌，才發現很多人後來都在做土地開發，因為太好賺了。「土地開發」是好聽的講法，其實就是「土地炒作」。他們不在臺灣而是在中國從事開發，他們對上海房地產的情況一個比一個熟悉，令我非常驚訝。他們知道我在地政系教書，居然異口同聲說要來系上請教房地產的投資。我請他們千萬不要來，一來我真的沒有內線消息，二來也不好意思對他們說，我是專門在「打房」的。

遍布全臺的浮濫徵收

「都市更新」案例：士林文林苑

「都市更新」的問題很大，我們現在做的根本不是「都市更新」。例如士林文林苑的基地面積都很小，怎能說是「都市更新」？充其量只能稱為「住宅改建」。一般來說，「都市更新」的土地面積比較大，而且適用在需要更新的老舊地區，例如萬華、大稻埕。現在的「都市更新」，卻專挑交通便利、地價高的地方，例如敦南誠品，那棟房子明明還很新、很強壯，需要「都市更新」的原因是為了改建的利益，要容積、要蓋高樓層賺錢，事實上只能算是「建築物更新」。

臺灣的「都市更新」和「都市計畫」是脫節的。一般而言，發動「都

表 7-2 全國浮濫徵收總表（2016/8/10）

反徵收團體	徵收地點	開發案	徵收區面積	爭議事項
竹北璞玉自救會	新竹竹北、芎林	臺灣知識經濟旗艦園區（前身為「璞玉計畫」）	447 公頃	特定農業區面積占全區之 94%。2016 年 3 月 22 日內政部都委會第 871 次會議，因新竹縣政府無法說明開發範圍之必要性及未妥善調查居民意願，遭退回專案小組重新審查。
竹東二重里三重里地主權益自救會	新竹竹東頭重里、二重里、三重里、柯湖里	變更新竹科學工業園區特定區主要計畫（第二次通盤檢討）	441 公頃	訴求：終止 30 年來的限制遷建，立即解編恢復農地，保留所有耕地（440 公頃），維護竹東大圳與生態湧泉、地景，世代傳承，把良田、古厝留給後代子孫。
竹南大埔自救會	苗栗竹南大埔	竹南科技園區	154 公頃	大埔 3 戶相關訴訟仍在進行中。現任行政院長林全表示，在法規允許範圍內，將朝原地重建方向研議，內政部亦將成立專案小組推動落實。
廢除 R1 行動聯盟	新竹市香山區	新竹市茄苳接西濱聯絡道路新闢工程（新竹市中華路五段至玄奘路）	全長 4.3 公里，連接西濱快速道路與茄苳景觀大道。	預估節省道路使用者 2.8 分鐘及旅行時間 0.84 公里路程，造價 46 億，平均每公里成本 10.7 億，比北二高還高。目前已暫緩推動。

土地正義

反徵收團體	徵收地點	開發案	徵收區面積	爭議事項
航空城反迫遷聯盟	桃園市大園區 11 村、蘆竹鄉 9 村	桃園航空城特定區計畫案	4771 公頃	計畫範圍 4771 公頃，採「區段徵收」方式開發面積 3121 公頃。
臺中后里自救會	臺中后里	臺中科學園區三期	255 公頃	對當地農業嚴重的環境污染。
反彰南產業園區自救會	彰化溪州	彰南產業園區	98.28 公頃	彰化縣長魏明谷已於 2015 年 4 月宣布撤案。
彰化二林相思寮自救會	彰化二林	臺中科學園區四期二林基地	631.0961 公頃（其中 80 公頃為私有民地，其餘為台糖地）	園區基地目前大部分仍閒置。
彰化田中高鐵自救會	彰化田中	臺灣高鐵彰化站	183.26 公頃	
看守土城愛綠聯盟	新北市土城	擴大土城都市計劃案（興建司法園區）	162 公頃	納入「都市計畫」面積 162 公頃；實質規劃與「區段徵收」面積 56 公頃。2015 年 12 月已通過內政部區域計畫委員會審查，進入都市計畫審查階段。
桃園縣地鐵促進協會	桃園、中壢、平鎮、龜山、八德	變更龜山、桃園市、縱貫公路桃園內壢間及中壢平鎮都市擴大都市計畫案	500 公頃（其中農地 322 公頃，拆除建物 2.7 多公頃）	四千多戶、二萬居民面臨房屋拆除的命運，目前園林大道縮小規模，農地免於徵收，但鐵路高架化或地下化尚未定案。

反徵收團體	徵收地點	開發案	徵收區面積	爭議事項
中科大雅自救會	臺中大雅	中部科學工業園區臺中基地附近特定區計畫	範圍共 2969.74 餘公頃，臺中縣約佔 1743.43 公頃，臺中市約 1226.31 公頃。	大雅是全臺灣著名的麥鄉，臺中縣市合併後，目前本案進度暫停。
淡海二期反徵收自救聯盟	新北淡海	淡海新市鎮特定區第二期	655.24 公頃	1994 年動工之淡海新市鎮一期人口達成率僅 10%，土地閒置率約為 85%，但政府又於 2012 年中啟動二期計畫案。
機場捷運 A7 站自救會	桃園市龜山區	機場捷運 A7 站產業專用區	180 公頃	
竹南崎頂自救會	苗栗縣竹南鎮崎頂里	苗栗縣竹南鎮崎頂產業園區	112 公頃	
珍愛浮圳一搶救浮圳自救會	臺中市神岡區	神岡豐洲科技工業園區聯外道路（浮圳路拓寬改善工程）	道路全長 1659.4 公尺，原路寬 3 公尺，將拓寬至 15 公尺。	需破壞並移動近 300 年歷史、採用特殊工法的水圳「神岡浮圳」。
石岡反隧自救會	臺中市石岡區	東勢 - 豐原生活圈快速道路	2.2 公里石岡隧道	貫穿石岡區南部地質脆弱的村莊，當地有順向坡與車籠埔斷層，山頂是公老坪，底下是豐原給水場，如發生災害將影響大臺中地區 200 萬人供水，石岡地區居民也可能遭滅頂。

土地正義

反徵收團體	徵收地點	開發案	徵收區面積	爭議事項
後龍反殯葬園區自救會	苗栗縣後龍鎮	苗栗縣後龍鎮福祿壽殯葬園區	24 公頃	
反台南鐵路東移自救會	臺南市區	臺南市區鐵路地下化計畫	全長為 7.55 公里的鐵路改為地下化，徵收 5.1 公頃、拆遷戶 407 戶	自救會訴求應召開聽證會以釐清開發之公益性及必要性。

資料來源：台灣農村陣線

市更新」之前要先有「都市更新計畫」，劃定需要「都市更新」的區域，但臺灣卻不這麼做。臺灣大概有九成以上的「都市更新」都是依照《都市更新條例》第十一條，[10] 由建商自行劃定更新單元，而建商本身卻也是「都市更新」實施者。都更的區域與更新單元都是由建商自己去找、自己劃更新區域，所以「都市更新」的區域大都選在地點好、交通便利、地價高的地區。很少「都市更新」的案子選在萬華區或大同區，這與協助老舊社區的觀念是脫節的。

雖然士林文林苑是「都市更新」，但本質是「徵收」，徵收的過程並不符合前述的徵收要件，而且侵害了人民財產權、生存權及人性尊嚴。自從文林苑事件之後，就沒人敢碰「都市更新」了，因為現在要做「都市更新」，往往需要全部的人都同意。大法官〈七〇九號解釋文〉說《都市更新條例》中有三個條文違憲，《都市更新條例》的修法已經進行三年，早就應該完成，但因為牽一髮動全局，所以一直修不出來。

2016 年初，很多建商藉著臺南地震，要求儘快辦理都更。甚至《蘋果日報》新春第一篇社論就是談都更，文中把反對者罵得很難聽，說

全國 浮濫徵收地圖

2016

桃園縣大園鄉11村
蘆竹鄉 9村　**航空城反迫遷聯盟**

桃園航空城特定區計畫案
4771公頃

新北
淡海　**淡海二期反徵收自救聯盟**

淡海新市鎮特定區第二期
655.2公頃

桃園
龜山　**機場捷運A7站自救會**

機場捷運A7站產業專用區
180公頃

新北
土城　**看守土城愛綠聯盟**

擴大土城都市計畫案
(興建司法園區)
162公頃

① 新竹竹北
　璞玉　**竹北璞玉自救會**

台灣知識經濟旗艦園區
(前身為「璞玉計畫」)
447公頃

竹南
大埔　**竹南大埔自救會**

竹南科技園區
154公頃

③ 桃園、中壢、平
　鎮、龜山、八德　**桃園縣地鐵促進協會**

變更龜山、桃園市、縱貫
公路桃園內壢段及中壢平
鎮都市擴大都市計畫案
500公頃

② 新竹竹東頭重里、二重里、三重里、柯湖里
　竹東二重里三重里地主權益自救會

變更新竹科學工業園區特定區主要計畫
(第二次通盤檢討)
441公頃

竹南
崎頂　**竹南崎頂自救會**

苗栗縣竹南鎮崎頂產業園區
112公頃

苗栗
後龍　**後龍反殯葬園區自救會**

苗栗縣後龍鎮福祿壽殯葬園區
2X公頃

③ 新竹
　香山　**廢除R1行動聯盟**

新竹市茄苳接西濱聯絡道路
新關工程
道路新建工程**4.3**公里

④ 台中
　后里　**台中后里自救會**

台中科學園區三期
255公頃

彰化
二林　**彰化二林相思寮自救會**

台中科學園區四期二林基地
631公頃

彰化
田中　**彰化田中高鐵自救會**

台灣高鐵彰化站
83.3公頃

⑤ 台中
　神岡　**珍愛浮圳—搶救浮圳自救會**

神岡豐洲科技工業園區聯外道路
(浮圳路拓寬改善工程)
道路拓寬工程**1.7**公里

⑧ 彰化
　溪州　**反彰南產業園區自救會**

彰南產業園區
98.3公頃

⑥ 台中
　大雅　**中科大雅自救會**

中部科學工業園區台中基地附近
特定區計畫
2970公頃

臺南
市區　**反台南鐵路東移自救會**

臺南市區鐵路地下化計畫
5.1公頃

⑦ 台中
　石岡　**石岡反隧自救會**

東勢—豐原生活圈快速道路
2.2公里石岡隧道

資料來源：台灣農村陣線

2012 年 6 月 22 日，樂揚建設突然無預警調派數台怪手與山貓進入士林文林苑工地，強拆王家。
（台灣都市更新受害者聯盟提供）

罵他們是釘子戶、毒瘤，整篇社論的遣詞用字非常惡毒，立場偏頗。事實上，我們不是反對都更，而是要有完善的法律制度做為基礎。現在立法院還在修法，怎麼就急著給人戴上「反對者」的帽子？建商本來就是報紙最大的廣告商，他們先製造論述、施壓，政府被逼著配合，人民也沒得選擇。以下為該社論部分內容：

> 居民的自私與貪婪則是另一主因。反正不見棺材不流淚，有些釘子戶老想以反對都更來脅迫建商撈一筆，或抵死不支持都更為手段，得到比別人多的利益。這些人是都市更新的毒瘤，是一旦大地震造成人量傷亡的兇手。可悲的是，大地震壓死的人當中也會有自私的釘子戶；而且那時沒死的釘子戶會無恥地罵政府沒有解決老舊公寓的問題，忘了自己才是大家的禍源。[11]

「區段徵收」案例：苗栗大埔張藥房

苗栗大埔是「區段徵收」的案例。位於苗栗大埔公義路與仁愛路交角的「張藥房」，過去因為公義路的拓寬就已經被徵收過二次，土地和

2013 年 7 月 18 日，在重重警力戒護下，苗栗縣前縣長劉政鴻動用怪手強制拆除張藥房。
（蘋果日報提供，楊永盛攝影）

　　　　　　　　　　　　　　　　　　　　　土地正義

土地徵收的要件

房屋像切豆腐一樣的一次次被割去，土地面積也從原先的二十幾坪徵收至最後的六坪，「張藥房」就座落在這僅存的六坪土地之上。這一次又因竹南科學園區周遭農地的炒作開發，政府狠心動用都市計畫及區段徵收手段，連這最後的六坪也不得保留。難怪地方人士感嘆道：公義路既沒公義，仁愛路也沒仁愛！

張森文自認做為一位父親，護家是他的責任，常常因為無法保護妻子兒女及「張藥房」而深切自責。但是對方的力量實在太大了，從里長、鄰居、地方派系到苗栗縣府屢屢撂下狠話，加上縣長劉政鴻動用公權力，警察和便衣不時出現在「張藥房」周遭，讓張森文承受非常大的壓力，原本健康的身心慢慢出現病徵。發病時，時常杯弓蛇影、疑神疑鬼。

在潘建志醫師的協助下，農陣的年輕朋友陪他到臺北新光醫院就醫。在拆屋的前幾天，張森文因為擔心來協助的老師和學生可能會受傷，情況更加惡化，不得不連夜送他北上住院醫治。張森文的家，就在他住院的時候被拆了。我到醫院看他時，只見他整個人捲縮在病床上，兩眼無神，反應相當遲緩。

後來他病情逐漸好轉，出院後我開車送他回家。之後沒多久他就過世了。[12] 張森文先是失蹤，知道他的屍體已被發現時，我馬上開車南下，進屋後看到他七孔流血，血流不止，實在讓人非常非常難過。

張森文本來就很膽小，劉政鴻又把他欺負到生病，所以他生前很怕劉政鴻。當劉政鴻要來祭拜張森文時，他太太非常反對。我們在門口向劉政鴻轉達：「家屬不歡迎，縣長請回。」竹南分局副分局長為首的警察竟排成隊形開始往前頂，一邊把我們頂向旁邊，嘴裡還一邊喊：「要理性」，不理性的明明是警察和劉政鴻！後來詹順貴律師叫家屬把鐵門拉下來，拉下之後，劉政鴻知道不可能進去，這才離開。

　　　　　　　　　　　　　　　　　　　　　　　　土地正義

因南鐵地下化而被迫拆遷的住戶，僅能在牆外懸掛布條，控訴政府無視他們的權益。（廖元鈴攝影）

　　不久後，大埔案朱阿嬤的兒子朱炳坤，在幫林淑芬委員站臺時突然倒下，當時以為他只是昏倒，沒想到竟然就過世了。參加反徵收運動後，我已經寫了三篇哀悼文。第一篇是灣寶洪箱姊的先生張木村，[13]第二篇是哀悼張森文，第三篇就是朱炳坤。參與這些活動真的讓人非常受傷，我總是提心吊膽，不知道什麼時候要寫下一篇哀悼文。「反台南鐵路東移自救會」很多朋友身體都不好，我認識的長輩就已經走了兩位，很多人現在也都患有重度憂鬱症。

　　政府並不知道，雖然這些人看起來活蹦亂跳，其實都受傷很重，而且都是心理的傷，並不只是金錢上的損失而已。在我和他們長期的接觸中，可以看到他們的轉變有多大。土地被徵收的人，心理都患了

重大疾病，可惜沒有人研究土地被徵收者或即將被徵收者，內心所受到壓力，以及因此引起的疾病，有一些人甚至罹患癌症，這絕對和壓力有關。

土地被徵收者都是一群非常弱勢的人，政府不提供協助，反而傷害他們。美國在這方面的研究很多，有一個專門名詞叫做「譴責犧牲者」（blaming the victim）。在《Blaming the Victim》這本心理學的著作中認為，[14] 犧牲者已經是弱勢，已經被社會犧牲了，但當他們起來反抗時，政府又進一步傷害他們，我看到的幾個案例也給我這樣的感覺。

「一般徵收」案例：臺南鐵路地下化

以臺南鐵路地下化的「一般徵收」為例，當地居民並不反對地下化，而是反對東移、反對「徵收」。因為軌道本來不需要東移，而且鐵路兩旁都有公有土地，所以不符合「徵收」必要條件。我在〈請立即終止臺南鐵路地下化東移土地徵收案〉文章中引用很多法院判決，連最高行政法院的判例都認為，「徵收」一定是最後手段。政府為了追求效率，都把徵收變成優先的手段，這是不對的。以下是最高行政法院 96 年判字第 1442 號判決文：

> 土地徵收是對財產權具目的性的侵害，而非國家純粹取得財產權之工具，更非調整私益衝突之手段，而是為實現公益之最後不得已措施。因此，國家對興辦公共事業所需土地，必須用盡所有法律之手段，均不可得，最後始得以徵收方式為之。[15]

南鐵地下化在 1995 年定案為「原軌底下地下化」，也因為施工時要在原軌底下地下化，而向原軌東側的居民拜託：因為火車很重，一般都採「明挖覆蓋法」施作，但施工期間火車還是要行駛，所以需要在火車原軌東側鋪設臨時軌道，讓火車可以繼續行駛，又因為鐵道旁邊的馬路不夠寬，所以需借用附近民眾的土地，而且部分房屋可能會被拆除。當地居民為了公共事務願意犧牲，說好等火車明挖地下化完成後，再將鐵道切換回去，也還給居民土地。同時，施工期間要給民眾一點費用，類似租金，這叫做「土地徵用」。

　　但這個「徵用」卻在 2007 年生變。主要原因是地方和中央的分攤費用談不攏。當時中央和地方都是民進黨，蘇貞昌是行政院長，地方是臺南市長許添財。

　　2007 年，中央和地方談妥南鐵地下化的處理方式，2009 年經行政院核定：總經費約 294 億，由中央負擔 87.5％、地方負擔 12.5％，但在公告之前完全不公開。當地居民一直到 2012 年收到公文後，才知道原來鐵道東移，從「徵用」變成「徵收」，不還給居民土地了，而原來的火車鐵軌要變成是綠園道，這其實也與法律不合，因為有公有土地時，必須優先使用公有土地，政府很晚才公告，就怕人民抗議。

　　「徵收」位置座落在火車沿線東側，為細長型的土地，總長 8.23 公里。被徵收的戶數，臺南市政府一開始說有 407 戶，後來更正為 323 戶，不知道那個數字才是正確的。我們認為很不合理的是，如果有其他可行方案，就不能使用「徵收」，因此此案的「徵收」是沒道理的。1995 年的方案也是政府自己認可的，2006 年改變計畫將鐵道東移，就是要透過土地開發的利益，來挹注開發建設所需的成本。但這只是第一階段。被「徵收」的 8.23 公里並非全是綠地，還有部分經過臺南火車站的土地也被徵收，因為後續還有「都市更新」和「區段徵收」的

規劃，臺南市政府要把臺南火站附近變成高樓住商區，這稱為「縫合計劃」。[16]

以下是臺南市政府《變更臺南市東區都市計畫（細部計畫）（配合臺南市區鐵道地下化計畫）（第一階段）》的部分內容：

（一）本案總經費 293.6 億元，工期七年八個月，依「中央對直轄市及（縣市）政府補助辦法」中央與地方應以 85％及 15％比例分攤，惟依該補助辦法第 11 條，計畫事業具有促進民間參與公共建設及配合政府整體經濟建設具有顯著績效時，得調增其計畫型補助之補助比例規定，訂定財務分攤比例，且行政院既已於 96 年 10 月 26 日院臺交字第 0960049234 號函核示中央與地方調整為 87.5％與 12.5％之分攤比例在案，復由臺南市政府具函同意負擔地方配合款，本案原則同意。

（二）為顧及本案與周邊整理規劃開發，以土地開發利益回饋軌道運輸建設，提高本案之自償率，並提升整體規劃效能等因素，本案應將土地開發機制與軌道運輸建設整合一併推動，使周邊之都市開發與立體化工程能於同時間完成。[17]

使用「土地徵收」填補財政空缺，並不符合「土地徵收六要件」。臺南市政府欲透過土地徵收提高自償率、填補財務空缺，其他地方政府有需要時也這麼做。宜蘭縣的鐵道高架化本來也打算以「區段徵收」開發土地，很多人一聽到消息，就把鐵道附近的農地買下來，等土地變更後，就可以變為價格較高的住宅區、商業區。但因為臺南的鐵路地下化抗爭，縣長林聰賢可能因此改變主意，可見抗爭還是很有正面的效果。

雖然浮濫的「土地徵收」在大埔案之後略微減緩，但宜蘭縣還是有別的徵收案，如烏石港附近的區段徵收案。南鐵地下化鐵道東移問題現在仍在僵持，目前我們很難採取法律行動，因為要在行政處分下來後，才能提訴願和訴訟。我們還是會這麼做，只是我們更希望能在事前將案子擋下來，不要像苗栗大埔案一樣，人都死了，才判政府違法。

　　臺南市政府《變更臺南市東區細部計畫（配合臺南市區鐵路地下化計畫）（部分鐵路用地、住宅區變更為公園道用地）》整本厚厚的計畫書中，只有薄薄一面的篇幅（見下方引文〈第六章事業及財務計畫〉）談「土地徵收」，「土地徵收」在計畫書裡應該要有一個專章。而且將土地徵收的討論擺在財務計畫裡，完全是用成本的觀點理解土地價值，顯示政府長期以來的思維是：「給錢，你必須搬家。」完全沒有考量土地徵收的六項要件，就是政府說了算。很難想像政府竟做出這種事情，按照這種思維，全臺灣有哪塊土地不能徵收？

　　胡慕情在《報導者》雜誌有一篇針對南鐵地下化事件的報導。[18] 我們提出這些事情，讓大家討論、面對，知道問題在哪裡，這是一個必要的過程。只要有討論，事情就會往好的方向發展。

　　以下為臺南市政府《變更臺南市東區細部計畫（配合臺南市區鐵路地下化計畫）（部分鐵路用地、住宅區變更為公園道用地）》〈第六章事業及財務計畫〉對「土地徵收」的討論：

一、事業計畫

配合鐵路地下化工程所需取得之私有土地，應由交通部採一般徵收方
　　式去得；公有土地部分非屬市有地由交通部與臺南市政府依法辦理撥
　　用，市有地則由交通部與臺南市政府協議使用。

二、財務計畫

臺南市區鐵路地下化建設費用包括規劃設計費用、工程建造費用、用
地取得費用及拆遷補償費用、公共管線設施遷移費等，總經費約新台

事業及財務計畫表

臺南市區鐵路地下化計畫	
主辦單位	交通部、臺南市政府
預定完成期限	106 年
經費來源	交通部、臺南市政府
面積	14.92 公頃
土地取得方式	
徵購	●
區段徵收	
市地重劃	
其他	●
開闢經費（萬元）	
土地及地上物補償費	335,736
工程費	2,600,250
合計	2,935,968

土地正義

幣 293.6 億元。經費分攤與編列方式依照行政院 98 年 9 月 9 日院臺交字第 0980054496 號函辦理。

　　南鐵地下化事件抗爭至今已經三年多，還不知道後續會如何發展。賴清德當立法委員時反對鐵道東移，不知道有沒有人問過他立場改變的原因。我認為賴清德可能也與財團派系站在一起，所以堅持要執行臺南鐵道東移。這幾年臺南市有很多土地開發案，根據我得到的消息，其中一些建商的背景是全國性的新聞媒體。政府以執行「土地重劃」、「區段徵收」來取得政治利益，形式上一切合法，要提告其實也有困難。

　　一般來說，「公聽會」和「說明會」都開放給利害相關人參與，不限於地方居民。但是 2014 年 5 月臺南召開都市計畫變更會議時，我從臺北南下參加，到了會場門口，警察卻不讓我進去，而且不只擋一次，還把我和其他幾個人拉出來。[19] 這是實際發生的事，不是我故意批評賴清德。我也很遺憾，賴清德與以往我認知的賴清德，已經有很大不同。

　　不僅如此，很多人透過《維基百科》來了解事件，因此也有很多人透過《維基百科》來了解南鐵地下化事件，目前《維基百科》「臺南市區鐵路地下化計畫」的詞條內容是臺南市政府修改後的版本，不是正確的資訊。自救會的成員大部分都是六十歲以上的老人家，沒有那麼好的電腦知識，不可能去修改詞條內容。這是很糟的示範，協助的學生好不容易在《維基百科》上建構正確資訊，沒多久又被網軍改成錯誤的和偏頗的資訊。

　　我高中讀南二中，念書時租的房子位於鐵路邊，因為過往的情感，我積極參與「反台南鐵路東移自救會」。我和多位參與自救會的人成為好朋友，他們的家族多半長期挺綠，每週上基督長老教會、聽臺語講道，如此持續三、四十年。可是他們因為這次事件向長老教會求助，長老教

7-3.1 土地徵收與土地徵用二者之異同

比較項目	徵收	徵用
法規依據	土地徵收條例第 3、4 條	土地徵收條例第 58 條第 1 項
徵收程序	規定於土地徵收條例第二章	土地徵收條例第 58 條第 4 項明定準用徵收程序
法律定性	特別犧牲	財產權公用限制
土地權利性質	公法上原始取得	臨時性使用權
對土地所有權人影響	原權利消滅	在徵用期限內喪失使用權
興辦事業完成後之處置	徵收之土地成為國有財產	徵用之土地用完歸還被徵用之人民
補償經費之多寡	1. 地上物拆遷補償 2. 土地市價補償 3. 可能有殘餘地一併徵收補償 4. 營業損失補償	1. 主要為相當於租金之土地使用補償 2. 可能有部分仍會有地上物拆遷補償

會僅側面回覆:「賴清德主張臺獨,他是未來總統的候選人,我們不能批評他,要保護他。」聽到這話還是覺得心酸。臺南神學院也在鐵路旁邊,他們也沒出聲,只有一些學生自主參與。這也讓我訝異:難道顏色對了,就什麼都可以容忍嗎?從政的人應該要與人民站在一起。

基督教長老教會盧俊義牧師曾在《蘋果日報》發表〈長老教會不能變成民進黨次團體〉[20],公開臺南長老教會在民進黨勝選後,長老教會總會總委會發表公告,公告結尾引用《羅馬書》第十三章第一節:「人人都應該順從國家的權力機構,因為權力的存在是上帝所准許的;當

土地正義

表 7-3.2. 兩者於本案之優劣勢比較

比較項目	徵收	徵用
財務問題	總計金額龐大、政府預算負擔重，在政府財政困難之下，難免導入土地開發挹注財政，而更陷罵名。賴市長已明確宣示，不以土地開發或財政目的做為考量選項，預算負擔問題即需嚴正面對。	少掉所占金額最高的土地市價補償，預算負擔大為減輕；此外因此為沿線自救會居民所期待之方案，極可能以協議方式解決，可以避免審議期程的不確定，也可以讓徵用期間更有彈性；如能獲得協助共識，最後，連「徵用」名目都可以不用，改以租用處理。
民眾意願（指鐵路沿線自救會居民）	反對，未來阻力必多	支持，未來阻力少

詹順貴、黃昱中，〈徵收與徵用之差別－兼論臺南市鐵路地下化工程規劃技術選項〉，《詹順貴律師部落格》，網址：http://goo.gl/OGwAAZ（2016/04/14 檢索）

政者的權力是從上帝來的。」如果要服從權力，為何在國民黨主政時期不服從？長期以來長老教會一直希望能有獨立國家，他們也期待有同樣主張的政治人物出現，賴清德可能比較符合他們的理想。但也不能如此包容，難道只要主張獨立，其他的事情都可以被合理化？這將造成很大的問題。

南鐵地下化的拆遷戶對於抗爭或不抗爭，也有分歧。大家目標雖一致，選擇的手段則不太一樣。抗爭既有風險又有壓力，而且大部分的人只是一般小老百姓、公司員工，連請假都不容易，所以抗爭時常要錢沒錢、要人沒人、要資源沒資源，這是很大的瓶頸。有人想多投入，有人情況不允許，因而較難形成抗爭的共識。但我們盡量對兩方都給予協助，能溝通就設法溝通，不能溝通就尊重不同意見，至少在

需要的時候，大家還是會站出來，能夠做到這點，我覺得也夠了。

當地朋友也出現不一樣的聲音，有人認為我們是外來者、是我們慫恿他們抗爭、我們在搞破壞等。事實上我們都是協助的角色，幫忙想辦法，我會堅守我的立場，絕不會要求參與者趕快衝。之前政府用了很多法令來壓他們，那些法令他們連聽都沒聽過，他們因而累積了滿腹的冤屈，鬱卒無法抒發。我們最大的幫助就是讓他們有抒發的出口，給他們信心，鼓勵他們爭取自己的權益，也讓他們知道，不只一位大學教授支持他們爭取權益。但我們也只是協助的角色，最後的決定權仍然在當地居民。漸漸地，他們也把法條背下來了，很多臺南市居民對土地徵收的六項要件都能琅琅上口，一講出來，就可以把行政官員堵回去。

其他徵收案例：灣寶、璞玉計畫

早在 1990 年代，政府就打算在灣寶設立科學園區，因為當地居民抗爭才停止。灣寶居民非常團結，在灣寶社區發展協會理事長洪箱和灣寶愛鄉自救會會長陳幸雄的主持下，一呼百應，真是非常棒的事情。

另一個我們一直在擋的，就是新竹縣政府的「璞玉計劃」（現在改名為「臺灣知識經濟旗艦園區計畫」）。交大搶人民的土地，實在很糟糕。抗爭的居民中，有一位老人家叫謝見祥，原本他只會講客家話，每當說到徵收案都非常生氣，可是抗爭到現在，他已經會講《憲法》第十五條的內容了。

其實被選定徵收的地方，都是地點很好的地方。苗栗大埔、灣寶、竹東芎林二重埔的土地徵收，都在高速公路附近，開發價值特別高。這就是土地徵收的最大問題，徵收目的不是為了公共利益，而是要攫

取土地使用變更後所創造的利益。然而，每個人對土地價值的認知不同，並不是所有人都將土地視為「金錢」，土地也不全部等於金錢，期待臺灣對於土地價值的理解，能更寬廣、更豐富、更多元。

1　徐世榮，〈請立即終止臺南鐵路地下化東移土地徵收案〉，發表於《臺南鐵路地下化工程技術論壇》，2013 年 2 月 5 日。

2　張家樂、賴香珊、徐如宜、修瑞瑩，〈少子化新校緩建引爆討回校地潮〉，《聯合報》，2015/02/02，網址：http://goo.gl/Nzoaxg（2016/04/11 檢索）

3　鄭閔聲，〈新聞事件4：拿國小地蓋籃球館球館竟比校舍大〉，《今周刊》945，2015/01/29，網址：http://www.businesstoday.com.tw/article-content-80392-113907?page=1（2016/04/11檢索）

4　《行政程序法》第 7 條：「行政行為，應依下列原則為之：一、採取之方法應有助於目的之達成。二、有多種同樣能達成目的之方法時，應選擇對人民權益損害最少者。三、採取之方法所造成之損害不得與欲達成目的之利益顯失均衡。」（1999 年 2 月 3 日頒佈）

5　「吸收德國經驗地政系邀德學者訪視分享」（2014/03/14）。網址：http://goo.gl/1tlmAA（2016/04/14 檢索）

6　楊鎮宇，〈德國鄉村發展經驗交流（2）鄉鎮作主的土地政策〉，《上下游市集》，2014/03/15。網址：http://www.newsmarket.com.tw/blog/48061/（2016/04/14 檢索）。「借鏡國外土地儲備制度確保農地農用」，《中央通訊社》，2015/07/26。網址：http://www.cna.com.tw/news/firstnews/201507260045-1.aspx（2016/04/14 檢索）

7　《憲法》15 條「人民之生存權、工作權及財產權，應予保障」。

8　《憲法》23 條「以上各條例舉之自由權利，除為防止妨礙他人自由、避免緊急危難、維持社會秩序，或增進公共利益所必要者外，不得以法律限制之。」。

9　〈都市更新條例關於都市更新事業概要及計畫之審核程序規定，違憲？〉《釋字第 709 號都市更新事業概要與計畫審核案》，2013/04/26。

10　《都市更新條例》第 11 條：未經劃定應實施更新之地區，土地及合法建築物所有權人為促進其土地再開發利用或改善居住環境，得依主管機關所定更新單元劃定基準，自行劃定更新單元，依前條規定，申請實施該地區之都市更新事業。

11　「蘋論：都更刻不容緩」，《蘋果日報》，2016/02/15。網址：http://www.

appledaily.com.tw/appledaily/article/headline/20160215/37063100/（2016/04/18 檢索）

12　「大埔張藥房離家失聯遺體已尋獲」,《蘋果日報》,2013/09/18。網址:http://goo.gl/9kfZf2（2016/04/18 檢索）

13　〈台灣新農民的典範——敬悼張木村大哥〉,《土地關懷》部落格,2013/01/25。網址:http://goo.gl/fQidf8（2016/04/18 檢索）

14　William Ryan, *Blaming the Victim*. New York: Vintage Books, 1976.

15　徐世榮,〈請立即終止臺南鐵路地下化東移土地徵收案〉,發表於《臺南鐵路地下化工程技術論壇》,2013 年 2 月 5 日,頁 3。

16　徐世榮,〈請立即終止臺南鐵路地下化東移土地徵收案〉,發表於《臺南鐵路地下化工程技術論壇》,2013 年 2 月 5 日。

17　臺南市政府,〈行政院經濟委員會 98 年 9 月 9 日院臺交字第 0980054496 號函〉,《變更臺南市東區都市計畫(細部計畫)(配合臺南市區鐵道地下化計畫)(第一階段)》(臺南:臺南市政府,2012),附件二。

18　胡慕情,〈以聽證制打破徵收黑箱〉,《報導者》(2016/02/16),網址:https://www.twreporter.org/a/opinion-tainan-railway-underground（2016/04/13 檢索）

19　〈南鐵案都計審議爆衝突徐世榮凌晨 po 文槓賴神〉,《自由時報》(2015/05/15)。網址:http://news.ltn.com.tw/news/life/breakingnews/1317839（2016/04/13 檢索）

20　盧俊義,〈長老教會不能變成民進黨次團體〉,《蘋果日報》,2016/01/23。

懷念張森文大哥！

　　因協助苗栗大埔土地徵收案而與張森文大哥及其一家人結識，張大哥個性沉穩，不多話，是個善良的人，也是位愛妻子、兒女、及戀家的人。他的生活領域大概只是圍繞著二個重心，一個是「張藥房」，另一個則是新竹縣衛生局的上班場所。他的夫人秀春姊告訴我，他每日清晨即起，把家裡打掃乾淨，大小事情料理完畢之後，再去上班，下班之後，也是直接回家，照料家中事務，這樣的生活週而復始，表面上看似平淡無奇，但若是慢慢咀嚼，卻也是充滿了溫馨與甜美。

　　想不到這樣的日子卻被劉政鴻、地方惡勢力、苗栗縣府、及中央政府完全的摧毀了。位於公義路與仁愛路交角的「張藥房」，過去已經因為公義路的拓寬曾經被徵收過二次，土地及房屋像切豆腐一樣的一次一次被割去，土地面積也從原先的二十幾坪割剩至最後的六坪，而「張藥房」就是座落在這最後僅存的六坪土地之上。這一次卻因為竹南科學園區周遭農地的炒作開發，政府狠心動用都市計畫及區段徵收手段，竟然連最後這六坪也不得保留。難怪地方人士因此感嘆：公義路既沒公義，仁愛路也沒仁愛！

　　張大哥認為護家應該是他的責任，因此往往因為無法保護秀春姊、兒女及「張藥房」而深切自責。但是，對方的力量實在是太大了，里長、鄰居、地方派系、及苗栗縣府那邊屢屢撂下狠話，加上公權力掌握在劉政鴻手中，警察及便衣不時出現在「張藥房」周遭，這讓張大哥承受了非常大的壓力，原本健康的身心慢慢出現病徵，發病時，時常杯弓蛇影、疑神疑鬼。「張藥房」拆除之前，他的精神狀況已經出現嚴重問題，在

潘建志醫師的協助下，農陣年輕朋友們陪伴他至臺北新光醫院就診，在拆屋的前幾天，他因擔心來幫忙的老師及學生可能會受傷，情況因此更是惡化，我們不得不連夜趕緊送他北上住院醫治。拆屋時，也就是劉政鴻所說「天賜良機」的那一天，他不在家，而是在醫院裡面，我後來去看他時，只見他整個人捲縮在病床上，兩眼無神，反應相當遲緩，唉，讓人相當感嘆，政府及政客怎麼這麼殘忍，把善良百姓整成這個樣子！

後來情況稍穩，張大哥也不斷要求要出院，在主治醫生的允許下，終於讓他離開醫院。出院時，是個豔陽天，我們還先在醫院旁的火鍋店共進午餐，張大哥的心情非常的愉悅，吃飯時，看他與秀春姊相互夾菜及關懷對方的小動作，讓人深感二人鶼鰈情深。感謝秀春姊的信任，在朱淑娟小姐的陪同下，由我開車護送張大哥回到苗栗。路上，我們不斷給他心理建設，告訴他「張藥房」已經被拆了，希望他能放開胸懷，勇敢面對未來人生。他的回答往往非常簡單，「好的」、「會的」，但我的內心清楚，他是非常難過的，一個那麼愛家的人怎麼可能輕易的就放得下？回到苗栗之前，他特別要求我先在竹北交流道下，因為他要回新竹縣政府衛生局，也就是他退休前的工作場所，讓他的老同事們知道他已經恢復健康了，請他們不要掛念。唉，一個生病初癒的人，心中惦記的，竟然是他多年的好同事。

由於張大哥是個老實人，待人和善，也很願意幫助別人，因此，後來發生的事情大概你也猜的出來。每當他進入一間辦公室，就是一陣的驚呼，然後接下來就是大家哭成一團，大家圍著他、抱著他、又哭又笑，高興的是他出院了，難過的是他竟然會有這麼悲慘的人生。後來大家聚集在二樓走廊，一起幫他加油打氣，張大哥這時反而是忍住悲傷，一一和同事握手，並說，「沒事了、沒事了、不要擔心」，反而是張大哥在安慰他們。在一陣對話及祝福勉勵之後，張大哥向同事們一一告別，同事

們護送他至一樓停車場，在大家的包圍及祝福之下，我將車子緩緩駛離衛生局，我從車內後視鏡中，強烈感受到大家對他的關懷與不捨。

　　車子再上高速公路，繼續往南開去，這時開始換我緊張了，內心不時在盤算，等一下張大哥看到「張藥房」被拆的樣子，他會有什麼樣的反應？如果他太過於激動，我該怎麼辦？是立刻把他拉進車內，原車馬上北返回醫院，還是……？我內心好緊張，但卻不敢對坐在前座的淑娟講，就這樣，大家一路上都在講表面話，我和淑娟不斷地對他說「你要放下」，他也不斷地回答「會的」，但是我根本就不相信他會放下，我是愈講愈緊張，卻又不得不講。最後，這一刻終究還是要面對，還好元豪及許多好朋友都已經在路口等候，車子左轉停在仁愛路路口，我讓張大哥下車，只見許多人一一前來握手慰問，他慢步走入「張藥房」原先的座落位置，凝視著那唯一僅存的一面牆，接下來是不斷地撫摸著那面牆，並抬頭看牆上所劃下的圖案及文字，不發一語，再過一陣子，他似乎在找尋什麼東西，很希望能找到及帶走什麼似的，但現場是一片空曠，哪還有東西？看在我的眼裡，那真是辛酸及萬分痛苦的時刻。這時，還好，朱炳坤大哥終於走過去，一手緊緊摟住張大哥的肩膀，兩人同時低泣，此時，無聲勝有聲。

　　再來，只是間接陸續得知張大哥的近況，無緣再見，當九月十八日農陣年輕朋友緊張來電，告知張大哥失蹤了，我心頭一驚，有不詳的感覺，立即打電話給警界負責聯繫的警官，建議馬上加派人員，趕緊把人找到。下午時刻，不幸消息傳來，我趕緊南下，人雖到張府，卻被檢警擋在門口，不得見張大哥，縱然秀春姊百般求情，警察卻完全不為所動，我與秀春姊只能在門口相擁而泣。臨近傍晚時刻，警察才放行，我及許多朋友才得以進入探視張大哥，啊，那真是刻骨銘心、一輩子都忘不了的痛苦經驗！

接下來，最讓人痛恨的就是劉政鴻要來硬上香這一段，對照張大哥生前，劉政鴻是透過公權力，對張大哥及家屬百般的凌虐，如今張大哥走了，「張藥房」也被他「天賜良機」的拆除，他來上香的目的何在？張大哥及家屬又怎麼有可能會歡迎呢？家屬又難道不能拒絕嗎？那時大家阻擋在家門口，不讓劉政鴻進入，而劉政鴻竟然下令竹南警分局員警強硬開道，世間竟然有如此霸道的惡人！我原本站在大門口正中央，高舉雙手，大聲呼喊「家屬不歡迎，縣長請回」，但是幾十名員警竟然用手肘把我們推至一旁，你知道警察在推開我們時，嘴裡說什麼話嗎？他們不斷地說「要理性、要理性、要理性……」，啊，不理性的人不就是劉政鴻及這批員警嗎？怎麼反過來要我們要理性呢？難怪為廷後來會氣不過，直接把鞋子丟過去！還好，那時詹順貴律師建議，直接把鐵門拉下，否則劉政鴻就進入屋內了。

　　其實，還有一個重點是外界至今都還不知道的，即當劉政鴻來的時候，屋內僅有一具大體，張大哥的牌位還未準備妥適，根本是無香可上的。整個下午檢察官都是不斷地在警察局內訊問元豪，家屬根本沒時間去現場招魂，哪來的牌位呢？我人在現場，聽見禮儀社人員不斷提醒家屬應去招魂了，因為根據民間習俗，入夜之後，張大哥的魂魄就會離去，這讓我們心急如焚，但劉政鴻卻在此時前來作秀攪局，那時尚未有牌位，他要如何上香呢？他是要來檢視大體的嗎？為什麼張大哥人都走了，還不放過他呢？在劉政鴻離開之後，在禮儀社人員督促下，元豪才趕緊去招魂，那時已幾近晚上時分。此外，同樣讓人難過的是，為廷今年因為丟鞋而被判刑，但是，倘若法官知道事情的原委及其全貌，還會這麼判嗎？有罪或無罪難道僅只看丟鞋的動作而已嗎？

　　地方官員是這付惡形惡狀，中央大員也沒有好到哪裡去。我曾陪伴自救會的朋友進入行政院及官府多次協商，印象最深的，就是四年前的

8月17日，在行政院第一招待室內，吳敦義前院長主持協調會，與會者包括林中森前秘書長、江宜樺前內政部長、劉政鴻縣長、葉世文前營建署長等人，當時的氣氛是一團和氣，大家臉上都堆滿著笑容，吳敦義前院長拍胸脯保證一定會把房子保留下來，江宜樺及劉政鴻皆無異議，行政院秘書處並在8月23日正式行文，白紙黑字寫著「原屋原地保留」，但那裡知道，「張藥房」還是被拆，中華民國竟然堂堂連行政院長的話都不可信，行政院的正式公文也是謊言，政府之誠信蕩然無存！至此，人民還有什麼可以相信的呢？如果政府還是要拆，那當初為何要答應自救會呢？為什麼要讓張大哥空歡喜一場呢？這六坪，在你們大官的眼裡，可能根本不算什麼，或許就如同是鼻屎一塊，但是，對張大哥及秀春姊就絕然不同了，因為這裡是他們「起家厝」，這裡是他們的根，他們一家人就是從這裡開始打拼出來的！你們知道嗎？

之後，在詹順貴律師、李明芝律師及元貞聯合法律事務所年輕律師團的共同努力下，2016年1月3日「臺中高等行政法院」更一審，張藥房終獲勝訴，消息傳來，大家欣喜之外，又是一陣的落淚，他們的痛苦終於獲得一點撫慰，社會的氛圍也為之丕變。過往，在政府強力宣傳下，他們往往被視為是不理性的「釘子戶」，一定是另有所圖，但是去年十一月「最高行政法院」發回重審的判決文、及今年年初「臺中高等行政法院」更一審的判決內容，改變了許多人原本根深蒂固的錯誤觀念，他們開始思考了，並發現問題的本質其實是我國的土地徵收太過於隨意、浮濫，根本不符合土地徵收必備之要件，嚴重侵害及剝奪人民的基本人權。內政部原本考慮是否再提上訴，為此，內部曾邀集學者專家召開諮詢會議，學者幾乎皆異口同聲、口徑一致的建議不要上訴，因為，要翻轉的機率幾乎是零！後來內政部也從善如流，沒有再提上訴，全案因此定讞。

但是，張大哥走了，「張藥房」也被拆了，這個勝訴對張家還有意義

嗎？回憶過往張大哥還在世時，他每次遇到我，總是會問我一個相同的問題，「老師，我到底犯了什麼罪，政府要這樣的對我？老師，他們憑什麼來決定我們的生死？」我總是難過的不知如何予以回應，對照這個判決，答案已經非常的清楚，他根本就沒有犯罪，反而是這個政府犯罪了！但是，無罪的，卻犧牲了，已經走了，房子及家都被毀了；犯罪的，如今竟然還高居廟堂之上，貴為副總統、行政院長、縣長等，還有一位因收了遠雄的錢，如今還關在牢裡，他們沒有任何一位因錯誤的都市計畫與土地徵收而受到懲罰，試問，世間的公平正義怎會是如此的安排？而由張大哥的過世，也讓我深深感受到，政府的浮濫土地徵收，其實是一個被臺灣社會嚴重忽略的死刑，政府「依法行政」的胡亂土地徵收，其實也是社會強者對於社會弱者的一種大屠殺！

　　如今，這種大屠殺竟然沒有因張大哥的過世及政府的敗訴而停止！內政部迫於外在的壓力，形式上，似要重啟《土地徵收條例》的修法，但是由於臺灣的都市計畫及土地徵收已經成為地方政治派系炒作土地、賺取暴利、及利益交換的工具，同時也是政治人物用來綁樁及獲取勝選的主要籌碼，它們已成為強權者吸食已久的嗎啡、強力膠、及大麻，很難戒除。因此，臺灣從北到南，政府依舊是瘋狂的進行土地徵收，而且是藍綠兩黨皆然，如淡海新市鎮第、八里臺北港、林口 A7 站區、桃園航空城、新竹璞玉計畫（台知園區）、新竹二重埔、臺中水湳機場、臺中神岡浮圳、彰化田中高鐵特定區、南鐵地下化、臺南永康砲校、宜蘭烏石港等，政府、財團及派系把土地徵收當成是土地開發炒作及賺取暴利的手段，依舊是嚴重侵害基本人權！許多人更夸夸而言，辯稱土地徵收是公共建設的必要條件，心中仍然抱持著國家要有建設，必然要有土地徵收的陳舊觀念。對於這些人，我通常的回應是，去看看美、日、德、英等國吧，它們甚少進行土地徵收，難道就沒有建設了嗎？不是的，它

們的公共建設依舊是不斷地在進行，公共建設不必然是要與土地徵收做連結的。遺憾地，由於我國政府嚴重行政怠惰，每每以提升行政效率為藉口，任意的便宜行事，總是把土地徵收當成是「最優先、甚且是唯一」的手段，但是，土地徵收其實應該是「最後、且是迫不得已」的手段才對，然而，我國政府這種惡劣暴行至今不僅不改，甚且是變本加厲！

　　張大哥是位平凡的人，卻白白被犧牲了，但他的離去給臺灣社會強大的衝擊。我們要如何懷念張大哥？該如何來告慰他在天之靈？我們除了要求那六坪土地必須歸還張家、在原地蓋回「張藥房」、及政府應進行國賠之外，我們同時也要努力阻止類似悲劇的再發生！盼望大家都能夠關心生活周遭因都市計畫及土地徵收而正遭受到迫害的朋友們，勇敢的站出來，協助他們，堅定的向惡勢力說不，因為幫助他們，其實也是幫助自己，這是因為在缺乏公義的社會裡，大家是輪流在做那被迫害的少數，只是你不知何時會被選中而已。而這種政府財團派系作莊，大家輪流被犧牲的卑劣行徑，應該是到了必須要停止的時候了。至於那些明知為惡法，卻依舊執法的行政官員們，請不要每次只會說「依法行政」了，也請不要再為虎作倀了，可否請深切反思，發揮道德良知，緊密與公民社會合作，趕快修改早就不合時宜的都市計畫及土地徵收制度？臺灣要向前走，一定要修正這種不公不義、侵害人權甚鉅的惡法。各位朋友，我們堅定信念，一起行動打拚，不信公義喚不回！我想，這應是我們懷念張大哥的最佳作法了！

寫於香港中文大學學術會議颱風夜旅次

懷念一位好朋友 —— 朱炳坤先生

　　人生無常，想不到我的好朋友—朱炳坤先生就在我眼前意外的離開，我原本以為他太累了，只是暫時的暈倒，只要閉個眼睛，稍做休息，再過一陣子，眼睛自然就會睜開，一切自然會回到從前。但想不到情況卻完全不是如此，在演講台上，當他躺下去時，我不斷地的捏著他的右小腿，想給他一點溫暖的刺激，後來看到醫護人員緊急作心肺急救並做電擊，我才驚覺到情況可能不是我想像的那麼簡單，後來在馬偕醫院急診室，在醫護人員陪同下，不得不握著他的手與他傷心的訣別。怎會如此？他比我還年輕許多，向來也沒有重大病史，一切真的是太意外了，我至今都仍然無法接受。

　　我與炳坤是因苗栗大埔土地徵收案而結緣，他是朱阿嬤的大兒子，朱阿嬤多年前也是意外離世，我們原本以為好不容易官司打贏了，農田也保住了，朱家開設的「豐益商行」必定能夠回復以往幸福平靜的生活。只是想不到、真是想不到，世事的演變竟然會是如此，完全出乎我們的意料。猶記得我與炳坤第一次見面是在公共電視「有話好說」節目，由於大埔自救會發言人葉秀桃女士無法北上，她告訴我有一位那時在臺北上班的朱先生會來參加，當晚見面後，我才發現這位朱先生真是一位憨厚的老實人，因為，他大概是一位連如何罵人都不會的人。他的話不多，面對劉政鴻的惡行，從他的表情可以看出他是非常的憤慨與生氣，原本很希望他能多講一點，但是，話沒講多久，主持人陳信聰先生就必須趕緊接過去了。後來，在朱阿嬤離世之後，我們在立

土地正義

法院舉辦記者會，他大概也只是捧著媽媽的遺照，含著眼淚，哽咽的要劉政鴻縣長「還我媽媽來！」面對著那麼大的苦難與折磨，他還是無法開口罵人，唉，一路走來，他始終如一，是一位心地非常善良的好人。

也就因為如此，他也絕不吝於給自救會及外地朋友伸出援手。就以「張藥房」為例，房屋被強拆之後，為了找尋及放置張家被隨意丟棄的物品，他無償提供自己的房子，讓那麼多找回來的丟棄物品就放在他們位於公義路的家中，而那裡也是許多志工休息及睡覺的地點。他也無償提供了許多食物、點心、水果、飲料等，讓協助的志工沒有後顧之憂。凡是與大埔自救會有關的事情，或是其他自救會發出求救訊息，他都是義無反顧的協助，不僅出錢出力也提供各式各樣的需要，往往都是把別人的事看成是自己的事，他是「一方有難，八方來援」的最佳實踐者。記憶中最為深刻的，是當我開車載著張森文大哥從臺北出院，回到大埔時，張大哥第一次看到自己家被拆，心中是悲痛萬分，當我們都不知道要如何安慰張大哥時，那時只見炳坤難過的走過去，用手攬著張大哥的肩膀，二個男人低泣著，慢慢的離開現場，那一幕，我永遠都是記得的。

這幾天我一直反覆在想，為什麼會是如此？我很想告訴大家，這些土地被徵收戶面對的是一個由政府機器、法令制度、地方派系、財團建商所合組的邪惡集團，這個邪惡集團擁有非常龐大的資源及勢力，尤其又是有公權力當靠山，致使他們承受著非常巨大的壓力。在我所認識的受徵收戶中，其實有許多人在此壓力之下，都罹患了各式的精神疾病，他們睡不著、也吃不下，整天渾渾噩噩，人不僅消瘦下去，失去了生活的光彩，也有一些長輩甚且因此而失去了生命，而這大概是外界都不知道的。由於我國政府至今仍不改其過往威權統治性格，

許多土地徵收戶在政府強勢逼迫之下，認為抗爭無用，在百般不願的難捨心情下，放棄了自己的家園，但是在他們的內心，其實都是嚴重的受到傷害。尤其是自救會的朋友更是受到排山倒海的壓力，更且有許多抹黑及污衊，例如稱他們為釘子戶，說他們的反對乃是因為要有更多的金錢補償等，由於宣傳媒體大抵都是掌握在那群權力優勢的邪惡集團，現行行政又嚴重缺乏正當法律程序，致使他們的心聲都無處可以述說，非常的痛苦。他們往往告訴我，「我們根本不要錢！我們只是要像大家一樣的保有自己的家，這不是名正言順嗎？為什麼外界要這樣的誤解我們？為什麼？憑什麼？」

經由與他們長時間的接觸，讓我深刻體會到臺灣學術界及行政界的嚴重失職，因為，我們的社會時常是隨著這個邪惡集團而起舞，誤將土地徵收的抗爭解讀為金錢補償的問題，並由此引伸出土地被徵收戶是貪得無厭，只為私利而不考量整體的利益，因此，社會進一步來污衊及抹黑這群已經很可憐、並且已經被逼至牆角的受災戶，這是造成了他們身心俱疲，失去身體健康的關鍵因素。其實，土地徵收絕對是基本人權被侵害的課題，對於它的履行一定要採取非常慎重及嚴謹的態度，檢視其是否符合土地徵收必備要件，而不是像現在這麼的隨便的。另外，我們長期以來也都忽視了這群土地被徵收戶的身心健康情形，這是一個非常嚴重的問題。我所認識那些家園被徵收的長輩及朋友，有一些人是在得知房屋即將要被拆除之後，整個人完全走樣了，甚且失去了繼續生存的意志，這些訊息絕對是要勤走基層才會得知的，他們大概都是備受折磨的含冤而去，在朱炳坤之前，已經有苗栗灣寶的張木村大哥、及苗栗大埔的張森文先生，在他們之外，其實也有一些長輩也都相繼離開了，他們絕非是自然而去，而是被逼迫而亡，但是我們的學術界及行政界卻從來都沒有過類似相關的研究報告，我們

社會的大多數人只會幫著邪惡集團來譴責及傷害他們而已。

　　真讓人想像不到，為了守護自己的家園竟然要付出這麼高額的代價。我們國家早已解除戒嚴，一切皆應回歸民主憲政常態，而憲法第十五條不是明文規定生存權、工作權、及財產權應予保障嗎？而政府也已經簽署了兩人權公約，在《經濟社會文化權利國際公約》裡的第11條、第4號及第7號《一般性意見書》裡，不是也明文規定禁止強制迫遷嗎？為什麼政府還可以這麼做？由苗栗大埔土地徵收案及炳坤的不幸離世，讓我們再次警覺，現今的臺灣社會其實可以分成二個階級，一個是前述邪惡集團所組成的統治階級，另一則是沒有政治經濟權力的善良百姓階級，前者為了累積其財富，在擁有公權力的情況之下，往往以「依法行政」為名，任意剝奪及罷凌後者的基本人權；而我們國家對於財產權及生存權的保障也是因此不同階級而有絕大的分野，前者的財產權及生存權不僅是獲得充分的保障，政府甚且還不斷地賜給予容積獎勵、免計容積、移轉容積，讓他們可以大賺其錢；更為過份的，政府竟然還可以動用都市計畫及土地徵收手段來幫忙圈地，由他們來任意炒作後者辛苦所建立起來的家園及賴以為生的土地。可憐老百姓，「人為刀俎，我為魚肉」，由張木村、張森文、及朱炳坤的離世，讓我們請楚的看到臺灣社會的階級分明及階級壓迫。

　　我們要控訴這個政府，我們更要嚴厲譴責這個邪惡統治集團，他們為了創造自己的財富，累積自己的政治資源，竟然可以任意剝奪別人的財產及生命，而現在臺灣依舊遍佈的土地徵收不就是最好的證明？我強烈認為炳坤是在這樣的壓迫及罷凌之下的另一位犧牲者！苗栗大埔自救會雖然在詹順貴律師及李明芝律師的大力協助之下，好不容易打贏了官司，把農田及家園保住了，但是這其實僅僅只是最基本及最卑微的目標而已。在長期不公不義的土地徵收過程中，他早已傷

痕累累，內心及健康都飽受摧殘，只是我們從外表看不出來而已，尤其是像炳坤這樣善良憨厚的老實人，雖然內心難過，但是大概都是獨自承受，加上他又是長子，上有八十高齡的老父，在必須承擔照顧家族的責任下，其內心的折磨及痛苦更是可想而知。而我也認為炳坤的離世絕對不會是一個獨立的個案，倘若目前這個吃人的制度不改，不論是任何政黨執政，這個邪惡統治集團依舊是隻怪獸，將會隨時吞噬被它相中的任何一位善良的老百姓。

　　炳坤是一位好朋友，也就像是我的家人，是我生命中一位重要的成員。多年以來，每次去大埔都是先去他那裡，而為了讓大家瞭解臺灣的土地徵收，我也屢屢帶學生及海內外學界朋友，前來大埔見習，每次炳坤都會熱情的招待我們，並做現場的解說。而他、妻子景蓮、「豐益商行」、及那片農田也都曾是政佑及明芝婚紗攝影的要角，我依舊還記得炳坤及景蓮那天是笑的多麼的快樂及燦爛！啊，多麼希望時光能夠復返並凍結在那個時刻！只要想到未來將不復見他在農田復耕及收割時的歡喜笑容、而他原本計畫與妻子景蓮及家人同遊日本的計畫也終不可能實現、及以後再去「豐益商行」將再也看不到這位憨厚老實的朋友時，內心是無限的悲淒，不禁潸然淚下！然而，各位朋友，炳坤應該不希望我們為他難過的，努力擦乾眼淚吧，他已經結束了人間的苦難，此刻應該是快樂的與母親在天堂相聚了，每當我們想念他的時候，請遙望天際，想像著他的笑容，他應該會在那裡回應著我們的。炳坤，我們衷心感謝您，謝謝您對於反浮濫土地徵收的貢獻，也感謝您對於自救會及各地朋友的協助及熱情的招待，我們將會永遠記得及想念您！而我們也終究會再重逢的！不過，請記得，那時我一定會問您，為什麼要讓我們這麼的措手不及……

第八章
與公平正義站在一起

台灣農村陣線的努力成果

　　台灣農村陣線從一開始努力至今，在「土地徵收」上的最大成果，就是成功讓立法院在 2012 年 1 月通過《土地徵收條例》修法。對於這項修法，我們特別要求加入三之二條公益性和必要性的評估，及要求在第十條第三項增加徵收要舉辦聽證會：「特定農業區經行政院核定為重大建設須辦理徵收者，若有爭議，應依行政程序法舉行聽證。」這就是我之前說突破了一個「缺口」，桃園航空城因為這個法條而舉辦了聽證會。舉辦聽證會，是為了確認何謂公益性及公共利益（請參見附錄 1）。以下為修法的條文：

《土地徵收條例》第 3-2 條
需用土地人興辦事業徵收土地時，應依下列因素評估興辦事業之公益性及必要性，並為綜合評估分析：
一、社會因素：包括徵收所影響人口之多寡、年齡結構及徵收計畫對周圍社會現況、弱勢族群生活型態及健康風險之影響程度。

二、經濟因素：包括徵收計畫對稅收、糧食安全、增減就業或轉業人口、收費用、各級政府配合興辦公共設施與政府財務支出及負擔情形、農林漁牧產業鏈及土地利用完整性。

三、文化及生態因素：包括因徵收計畫而導致城鄉自然風貌、文化古蹟、生活條件或模式發生改變及對該地區生態環境、周邊居民或社會整體之影響。

四、永續發展因素：包括國家永續發展政策、永續指標及國土計畫。

五、其他：依徵收計畫個別情形，認為適當或應加以評估參考之事項。

《土地徵收條例》第 10 條

1. 需用土地人興辦之事業依法應經目的事業主管機關許可者，於申請徵收土地或土地改良物前，應將其事業計畫報經目的事業主管機關許可。

2. 需用土地人於事業計畫報請目的事業主管機關許可前，應舉行公聽會，聽取土地所有權人及利害關係人之意見。但因舉辦具機密性之國防事業或已舉行公聽會或說明會者，不在此限。

3. 特定農業區經行政院核定為重大建設須辦理徵收者，若有爭議，應依行政程序法舉行聽證。

4. 需用土地人興辦之事業無須報經目的事業主管機關許可者，除有第二項但書情形外，應於與所有權人協議價購或以其他方式取得前，先舉行公聽會。

我們原本的修法草案是希望所有的土地徵收案，只要是被徵收人要求召開聽證會，政府就必須舉辦，經由正當法律程序的履行，來確認是否有符合土地徵收的要件。修法時獲得當時的在野黨——民進黨立

由於苗栗縣政府在 2013 年 7 月 18 日趁大埔四戶北上陳情時動手拆屋，7 月 23 日台灣農村陣線及聲援民眾在凱道舉行記者會，要求中央政府道歉賠償，隨後轉往臺北市塔城街，向參加衛服部揭牌的馬總統陳情。徐世榮教授向總統車隊高舉雙手大喊「今天拆大埔、明天拆政府」，當場被警方強力逮捕。（J. Michael Cole 提供）

法委員的支持，但由於國民黨政府的反對，最後僅能將範圍侷限於特定農業區，這實在是很遺憾，未來有待大家繼續努力。另外，臺灣農村陣線的修法版本，主要得力於詹順貴律師及其率領的元貞聯合法律事務所的年輕律師，政大地政陳立夫老師也曾提供重要的指導，這都一併予以衷心的感謝，並列入歷史紀錄。

　　前文提到，土地和政治是分不開的，無論是都市計畫或還是非都市計畫，大概都是地方派系在掌控，所以我們會發現，都市計畫、土地使用管制無非都是為政治服務。我們的政治是所謂的「恩庇侍從」：政府給你好處、讓你炒作土地，相對地，地方派系也必須對政治人士支持；這使得都市計畫及土地使用管制永遠都無法步入正軌。因此，根本的關鍵在於我們沒有健全的政治體系，缺乏公民社會的聲音，而

導致國土混亂——這也是為什麼臺灣一定要有新的、良善的政治。我很期待公民社會的力量，讓公民社會的聲音進來、要有其他力量出來，與惡的政治抗衡。所以我很看重社區組織、社區團體，像是 NGO（非營利組織），我們一起努力吧！

臺灣在 1970 年代經濟不景氣，那時社會學者把農村稱為「社會安全瓣」，意思是在都市失業了就回農村，只是多個碗、多雙筷子，不會餓死。但現在沒有安全瓣了，因為我們和農村的連結斷裂了，必須把這個連結重新找回來。譬如，碩士農夫賴青松是臺中人，因為爸爸生意失敗，舉家回到農村，所以他對農村的感覺很深刻。即使他到日本留學，拿到碩士學位，但現在選擇到宜蘭務農。[1]

期待新政府的良善政治

未來我們還有很大的努力空間，近期的目標是保障基本人權、減少不公不義的迫遷。民主憲政國家的重要核心，就是保障基本人權，彰顯人權的可貴，或是突顯人權的迫害。

雖然教育教導我們什麼是好壞是非，但卻是非常表面功利的好壞是非。教育並沒有教我們，做事要有「正當程序」。臺灣現在有很多問題都出在程序。以徵收的「公益性」為例，應該要有聽證會的程序，但不論是柯文哲或賴清德都非常「聰明」，代替人民決定了好壞——他們認定的好壞，人民未必認同，因為每個人的價值觀都不同。民主社會重視程序，因為程序就是民主中的包容，是溝通、討論、辯論。民主社會之所以不等同於資本主義，就是因為民主重視人權。

民進黨有些人沒有明確的核心價值，在野時認為某個法條有問題，執政時卻又認為法條沒有問題。例如民進黨臺北市議員梁文傑現在講

的話和以前完全不一樣，現在他說：「我們有非常好的檢調制度」、「我們的土地財產權保障已經很完備。」但之前他不會講這種話，他的發言實在令人匪夷所思。新政府已經上臺了，但他們還是沒看見問題所在，我們擔心他們依舊實施國民黨遺留下來的戒嚴體制，繼續「統治」臺灣——舊的戒嚴體制有很多問題，是方便執政者使用的體制。

　　希望民進黨新政府能夠帶來良善政治，所以我正在觀察民進黨對台糖土地的立場。民進黨現在只討論不當黨產，其實也應該再思考台糖土地的問題。台糖土地是被不當歸類為私有地，陳儀當時就曾明白地說，台糖土地私有化是違法的事情。我有一篇文章〈大排沙農場的悲歌輪迴〉談中科四期二林園區（中科三期是台糖七星農場），日治時期大排沙農場就常發生農民抗爭，國民政府來了以後，大排沙農場仍是激烈抗爭的地方。農民認為，既然回到祖國的懷抱，就應該把土地還給我們，但台糖不僅不還地，還趕走地主，這都有歷史脈絡。

　　蔡英文總統在選前就說過要釋出臺南高鐵站附近的台糖土地，共約一千多頃要開發成園區。在這之前賴清德已經開發了幾處台糖的土地，如新吉工業區。現在工業區的閒置狀況很嚴重，我們都知道工業區其實都是在圈地——買的時候地價很便宜，過一段時間再變更為他用，獲利頗豐。且讓我們拭目以待，民進黨將怎麼看待台糖土地？台糖土地是許多政商名流都想要的，它有如「魔戒」，我們要看民進黨新政府是否經得起誘惑。

1　林慧貞，〈穀東十年，賴青松掀起農業新浪潮〉，《上下游 News&Market 新聞市集 》（2013/12/17）， 網址：http://www.newsmarket.com.tw/blog/44317/（2016/04/07 檢索）

為什麼要舉辦聽證會？

　　只要是研究公共政策的發展歷史，可以知道過往基於「現代化」的理念，公共政策及社會科學的研究往往被轉化為專業的課題，需由專家來予以決定，「專業化」被視為是追求完美的最佳途徑，專家們被視之為工程師一般，透過他們對於專業知識的運用，公共政策的擬定與變更似乎是輕而易舉，社會科學研究者也因此被稱之為社會工程師。許多社會科學界的專家皆相當自負，以為他們所擁有不同的專業知識就可以用來擘劃公共政策的未來，他們拒絕相信技術性的規劃無法促進人們的福祉，他們也不願放棄另一個理念，即經由他們所擁有的專業知識與工具的運用，完美是可以達成的，而所謂的「公共利益」也是由這些專家及由其組成的「委員會」來給予詮釋及界定，一般民眾是無權置喙的，這致使他們的權利是不斷地遭到侵害。

　　但是，在西方社會的社會科學界裡，這樣的理念早於 1960 年代以降就逐漸的遭到反省與改變，惟台灣卻因威權統治而依舊是緊守不放，這讓人深感遺憾。其實，在一個多元社會環境裡，社會科學研究及公共政策制訂最困難的地方乃是「如何定義公共利益」，尤其是當我們把當地民眾的生存、尊嚴、社會公義、及基本人權等因素放進來一起思考之後，問題就顯得非常的棘手。這個問題其實不單純是專業技術的問題，它也不僅僅只是在預估增加多少經濟成長率及就業率，它更是非常重要的人權及民主課題；也就是說，這個難纏的公共利益問題，是無法僅用專業技術的方法來予以包裝及掩飾的。

　　上述的論點也可以由「知識論」觀點尋得註腳，這也使得過往純然

立基於科技理性的實證主義社會科學（positivist social science）觀點受到相當大的挑戰。許多學者指出過去的社會科學往往是以科學及技術為主要的判準，以此來決定學術研究是否具有價值，也唯有透過科學及技術驗證的知識才算是真正的知識，其他的知識則是皆可棄之於一旁。但是，如今許多學者卻認為上述的實證主義社會科學知識論是帶有濃厚的扭曲及偏差，因為它是用科技理性來對抗及排除政治與價值的選擇，這些人性的選擇皆錯誤的被視之為不理性且不屬於知識的範疇。

然而，許多學者並不同意這種觀點，彼等引用孔恩（Thomas Kuhn）的典範觀點（paradigm），主張知識其實是一種社會建構（knowledge is a social construction），它並不純然是由科學及技術的層次而來，其實，人們日常生活的經驗與智慧，也是充滿了知識（或稱地方知識及生活知識），而這些知識及人們的價值選擇是公共政策制訂及社會科學研究時，必須給予尊重並納入考量的，而這也造成了知識論的典範遞移現象（paradigm shift），就如同丘昌泰教授所說，目前已經「蛻變為強調人性價值與主觀方法的後實證論（post-positivistism）」。敝人自 1995 年返國任教以來，就深刻的體認到國內社會科學的研究仍然是著重於實證主義社會科學，較缺乏有後實證主義社會科學研究來進行補充，這對於臺灣社會的發展恐會產生極為不利的影響，而這恐也是臺灣現今充滿著民眾抗爭的主要原因之一。

社會科學的研究往往會與公共政策產生連結，然而公共政策的決策因素其實是包含了各方力量運作的可能性，也就是說，這中間包含了權力、利益、價值、人權及不同的意識型態等，這些因素都應該要給予考量與尊重。但是權力及利益的擁有者卻為了掌控政策的決定權，往往故意予以壓制、扭曲、或貶抑，過渡強調科技專家的角色，以此

來忽略民眾的日常生活知識及價值的選擇。對於這種扭曲或貶抑，是非常不恰當的，敝人相當認同德國社會學者貝克（Ulrich Beck）的觀點，我們必須重新定位專業與文明的整體關係，並將專家決策的決定權回歸於社會，經由社會理性（非科技理性）的公共論述來達成決策的選擇。社會科學應該是一個結合自然科學與人文科學、日常理性與專家理性的共生體，它不能透過個別專業化而彼此孤立，而是必須跨越學科及團體來尋取共識，由此來共同定義與詮釋社會科學及公共政策所稱的公共利益。在這當中，透過聽證會的召開，充分重視地方民眾的意見，公平公開及公正的溝通及對話，並將其納入決策之中，就成為了關鍵。也就是說，公共政策其實是個充滿了政治、社會、利益及道德的重要議題，絕不應由專家或行政官僚所組成的委員會來獨占，它必須併入民主的過程中來決定它的方向。

敝人深刻以為，我們的未來是個價值的抉擇，而不是專家或學者在室內的預測與模擬計算。對於臺灣的社會科學及公共政策，我們除了必須努力的補充及建構知識體系，並由此來改變法令制度，建立起公共政策的正當行政程序之外，也要讓民眾擁有相對的自主權力。不過，要做到這一點，非常關鍵的，如同規劃學者約翰傅利斯特（John Forester）所言，一定要同時袪除權力的不當宰制及扭曲性的溝通，否則恐是很難來達成的，這就必須仰賴社會科學的研究者及臺灣公民社會力量的壯大，大家都能夠勇敢的向權力擁有者挑戰，透過公共論述的進行，如舉辦聽證會，如此才能夠讓公共政策真正達成追求公共利益的目標。期盼我們一起努力，讓臺灣能夠真正的脫胎換骨！

2016 年 8 月 12 日發表於《公民行動影音紀錄資料庫》

大排沙農場的悲歌輪迴

中科四期二林園區的開發，意外引發過往一段不堪的歷史。歷史上，彰化二林是臺灣農運的重要起點，一般民眾或許知曉日治時期的二林蔗農事件，卻可能不知道，國民政府來臺之後，在民國 36 年 1、2 月間，曾發生另一個二林事件。

二次大戰後，臺灣發生許多農民抗爭事件，都是對準台糖公司各地糖廠（當時台糖總公司辦事處設於上海，上司為「資源委員會」），由北到南的糖廠幾乎無一倖免，例如，溪湖糖廠、埔里糖廠、虎尾糖廠、後壁林糖廠及高雄縣各糖廠等，農民激烈抗爭是因台糖公司強制要將其租用的農地收回自營，對當時原耕作的佃農任意撤佃起耕所致。

臺灣省政府當時的一份代電中，明白指出：「年來各地糖廠每不顧實際情形，藉口自營，積極收回，甚有雇用流氓強制起耕情事，致撤佃糾紛迭起。」其中衝突最大、事後並留下較為完整紀錄，乃是發生於當時原北斗區溪湖糖廠轄區內的大排沙農場，此農場也是這次中科四期所欲使用的農地。

由於這些農地大抵是日治時期被日人強制收買或徵收，然後撥出一部分土地供農民租用耕作，用以維持其生計。老百姓原本期待國民政府來臺後至少能繼續承租使用這些農地，但台糖公司卻要將其驅趕，引起社會相當大的騷動，縱然當時臺灣社會菁英人士及國大代表「一致主張廢止自營農場制度，將土地提供放租種植甘蔗」，但並不為資源委員會所接受。

激烈的衝突發生於民國 36 年 1 月 28 日，地點就在大排沙農場。

後來在北斗區里民會館召開農民大會，據當時《青年自由報》2 月 22 日報導，一名農民表示：「在憲政公布的今日，一切不合《憲法》的事情當然要撤廢，廠方屢次以非法的手段侵害農民的權益，委實令人痛恨，如前次番仔埔農場事件，在檢察官判定侵占不起訴，農民沒有犯罪事實，廠方竟昧於法治精神，使警察拘捕農民；餘恨未消，又以執銃的員工來脅迫農民，甚至不法逮捕，毀損地上耕作物，此不僅為農民的損失，亦是國家生產上的損失，如此糖廠作風是否合法，委實令人懷疑！」

中科徵地太「鴨霸」

並有其他農民指出被糖廠拘禁及拷打的情事，並質疑，「聽說糖廠是國家經營，當真國家會這樣待遇我們嗎？代表國家的糖廠可以這樣對待我們嗎？」另有農民也表示自己原本期待：「光復後能重見天日，怎知我們的糖廠仍沿用日人作風，依然榨取百姓的勞力！」

中科四期的興建將強制徵收大排沙農場及附近農地，今年（作者按：指本文完成的 2009 年）11 月 5 日區委會中，來自大排沙農場旁相思寮的阿公阿嬤淚灑會場，哭喊：「我七十幾歲了，從出生就住在那裡，十多間房子徵收才百來萬，你們的樓房一間百來萬要不要賣啊？比土匪還不如。堂堂一個縣府，沒有照顧我們這些傻百姓，反而陷害我們。」「我們這些百姓從年輕拚到老，才能有個地方住而已。這麼鴨霸什麼都要把我們遷走，十一月底說就要去拆房子，公媽不知要請到哪裡？」

那天區委會的場景，似乎是把時光拉回到了 1947 年 2 月的北斗區里民會館。六十二年了，國家怎麼還如此對待這些老農民？我們是否

可能終止這個輪迴，讓老農可以繼續擁有土地，並安享餘年？

2009 年 12 月 1 日發表於《蘋果日報》

參考資料

I. 書籍

– 中央文物供應社編，《耕者有其田》，臺北，1953。
– 中央委員會第五組編，《中國國民黨土地政策與臺灣省實施耕者有其田》，臺北，1957。
– 中國農村復興聯合委員會編，《臺灣土地改革概要》，臺北，1957。
– 內政部編，《臺灣省三七五減租考查報告》，臺北：內政部，1951。
– 王長璽、張維光，《臺灣土地改革》，臺北：台灣省新聞處，1954。
– 余鵬，《自由中國日本與中共匪幫之土地改革的比較》，臺北，1954。
– 改造出版社編，《三七五減租與耕者有其田》，臺北：改造出版社，1951。
– 李筱峰，《臺灣戰後初期的民意代表》，臺北：自立晚報，1987。
– 沈時可等，《臺灣土地改革之回顧——並追念勞苦功高的沈時可先生》，1995。
– 沈時可等，《臺灣土地改革文集》，臺北：內政部，2000。
– 侯坤宏編，《土地改革史料——民國十六年至四十九年》，臺北縣：國史館，1988。
– 徐實國，《臺灣實施耕者有其田經緯》，1964。
– 時事週報社編，《土地改革政策推行的成效》，臺北，1963。
– 殷章甫，《中國之土地改革》，臺北：中央文物供應社，1984。
– 殷章甫，《台灣省實施耕者有其田之研討》，臺北：成文出版社，1981。與陳郁芬《都市平均地權實施績效之評估》合刊。
– 馬壽華，《臺灣完成耕者有其田法治實錄》，臺北：思上，1964。
– 張乃旦，《中國土地改革概論》，臺北：中央文物供應社，1953。
– 張炎憲、高淑媛採訪記錄，《衝擊年代的經驗——臺北縣地主與土地改革》，臺北縣板橋市：臺北縣立文化中心，1996。
– 陳誠，《臺灣土地改革紀要》，臺北：中華書局，1961。
– 陳誠編，《如何實現耕者有其田》，臺北：正中書局，1959。
– 湯惠蓀，《臺灣的土地改革》，臺北：海外文庫出版社，1959。
– 湯惠蓀編，《臺灣之土地改革》，臺北：中國農村復興聯合委員，1954。
– 黃俊傑，《戰後臺灣的轉型及其展望》，臺北：正中書局，1995。
– 楊懋春主持，《台灣土地改革對鄉村社會制度影響之研究》，臺北：中央研究院人文社會科學合作委員會，1970。
– 臺灣省地政局編，《台灣土地改革》，1964。

土地正義

- 臺灣省政府新聞處主編，《土地改革》，臺中：臺灣省各界慶祝中華民國建國六十年紀念籌備委員會，1971。
- 臺灣農村陣線主編，《土地正義的覺醒與實踐——抵抗圈地文集》，臺北：臺灣農村陣線、國立政治大學第三部門研究中心，2012。
- 劉寧顏主編、林炳勳等編著，《臺灣土地改革紀實》，臺中市：臺灣省文獻委員會，1989。
- 潘廉方，《臺灣土地改革之回顧與展望》，臺北，1965。
- 鄧文儀編，《台灣實施耕者有其田紀實》，臺北：中央文物供應社，1955。
- 蕭錚、吳家昌編著，《復興基地臺灣之土地改革》，臺北：正中書局，1987。
- 蕭錚，《土地改革五十年——蕭錚回憶錄》，臺北：中國地政研究所；傳記文學總經銷，1980。
- 戴問梅，《耕者有其田與實際問題之研究》，臺北：中國經濟研究學會，1981。

II. 期刊論文

- 李志殷，〈臺灣光復初期土地權利憑證繳驗工作之研究〉，國立政治大學地政研究所碩士論文，2003。
- 徐世榮，〈台灣土地改革再審視——悲慘的共有出租耕地業主〉，「2000 年地政學術研討會」，臺北：政治大學地政學系，2000。
- 徐世榮，〈悲慘的共有出租耕地業主〉，「黨國體制與冷戰初期海峽兩岸社會經濟發展研討會」，臺北：中央研究院近代史研究所，2006 年 10 月，會後修正文稿。
- 徐世榮，〈新社會運動、非營利組織、與社區意識的興起〉，國科會研究報告，1999。
- 徐世榮、周有為，〈立法院認為是命令變更法律——耕者有其田政策法律效力之探討〉，《第九屆中華民國史專題討論會——戰後檔案與歷史研究》，臺北：國史館，2007 年 11 月。
- 徐世榮、蕭新煌，〈臺灣土地改革再審視——一個「內因說」的嘗試〉，《臺灣史研究》8：1(2001/06)，頁 89-124。
- 徐世榮、蕭新煌，〈戰後初期臺灣業佃關係之探討——兼論耕者有其田政策〉，《臺灣史研究》10：2（2003.12）
- 廖彥豪，〈臺灣戰後空間治理危機的歷史根源——重探農地與市地改革（1945-1954）〉，國立臺灣大學建築與城鄉研究所碩士論文，2013。
- 鍾麗娜，〈國營事業土地處分課題之研究——以台糖土地為例〉，國立政治大學地政學系碩士論文，2003。

III. 評論

- 〈工業界應負起製造污染的責任以符正義〉，《中國時報》，1995/09/21/11 版。
- 〈環保署考慮問題要有新思維〉，《中國時報》，1995/10/06/11 版。

- 〈處理占用國有地案應一視同仁〉,《中國時報》,1995/12/07/11 版。
- 〈眷改條例要注意土地分配問題〉,《中國時報》,1995/12/09/11 版。
- 〈政府出售公有地不合政策目標〉,《中國時報》,1996/01/04/11 版。
- 〈公共資源爭奪戰方興未艾〉,《中國時報》,1996/01/31/11 版。
- 〈提升競爭力不能犧牲公平正義〉,《中國時報》,1996/06/19/11 版。
- 〈掃黑附加價值衝擊環保運動〉,《中國時報》,1996/09/20/11 版。
- 〈莫讓工業專用港破壞台灣美麗海岸〉,《自立早報》,1996/12/04。
- 〈公地擴增應杜暴發戶心態——凍省之後省屬三萬多公頃土地盡歸國有〉,《中國時報》,
  1997/07/28/11 版。
- 〈告別金權城市打造花園城市〉,《中國時報》,1997/08/07/11 版。
- 〈毒害廢棄物處置變成了土地區位問題〉,《聯合報》,1998/03/09/15 版。
- 〈都市規劃的民主願景〉,《中國時報》,1998/11/12/15 版。
- 〈鎘米重現政府未記取教訓〉,《中國時報》,2001/11/01/15 版。
- 〈環境倫理與原住民保留地政策〉,《政策論壇電子報》25,臺北:國立政治大學社會科學院,
  2002/04/19。
- 〈提出生產計畫、禁止產權移轉、違章工廠始可就地合法〉,《政策論壇電子報》29,臺北:
  國立政治大學社會科學院,2002/05/17。
- 〈環境倫理與地方認同的衝突〉,《中國時報》,2002/08/24/15 版。
- 〈誰來決定核廢場設哪裡?〉,《中國時報》,2003/5/18/A15。
- 〈土地使用計劃變更實現住民投票良機〉,《Taiwan News》86(2003/6/19),頁 6。
- 〈誰該擁有公共政策的選擇權?〉,《政大社科院政策論壇》xx 期,2005/04/24。
- 〈讓政策制訂回歸公共論述場域〉,《政大社科院政策論壇》149,臺北:國立政治大學社會科
  學院,2005/05/20。
- 〈民間環保出路在哪?〉,《中國時報》,2005/06/04/A15 版。
- 〈人道關懷,要靠制度〉,《中國時報》,2005/07/13/A15 版。
- 〈完全清污染完全不可能〉,《聯合報》,2005/07/13/A15 版。
- 〈一場農地大浩劫?〉,《中國時報》,2006/08/16/A15 版。
- 〈還能留下多少農地?〉,《中國時報》,2006/12/26/A15 版。
- 〈從轉型正義看土地改革〉,《自由時報》,2007/01/26/A19 版。
- 〈宣告農地管制的死亡?〉,《地政學訊》3(2007/03/11),頁 1。
- 〈英國發展許可制之深層背景〉,《地政學訊》5(2007/05/11),頁 5。
- 〈農地開發不用煞車嗎?〉,《中國時報》,2007/06/02/A23 版。
- 〈農舍非農宅供農業使用〉,《中國時報》,2007/06/07/A15。
- 〈地主有兩種〉,《自由時報》2007/07/11/A15 版。
- 〈被操弄的農戶「分類」——以臺灣土地改革為例〉,《Taiwan News》(2007/07/18),頁 6。

- 〈終結農地農業還剩什麼？〉,《中國時報》,2007/12/14/A22 版。
- 〈黑道採砂,村民輓歌〉,《中國時報》,2007/12/25/A15 版。
- 〈耕者有其田違憲〉,《自由時報》,2008/01/21/A15 版。
- 〈從歷史看小地主大佃農〉,《自由時報》,2008/03/02/A17 版。
- 〈轉型正義應包括土地改革〉,發表於《土地關懷》部落格,2008/04/23。網址:http://goo.gl/KzfCtr(2016/05/06 檢索)
- 〈工業污染,農地及全民買單!〉,《立報》,2008/4/28。
- 〈成長管理與農舍興建政策〉,發表於《土地關懷》部落格,2008/07/23。網址:http://goo.gl/G4hlJJ(2016/05/06 檢索)
- 賴宗裕、徐世榮、顏愛靜,〈農村再生為了誰〉,《中國時報》,2008/12/22/A14 版。
- 〈人生有幾個六十年?──為「三七五地主」請命!〉,《自由時報自由評論網》2008/12/29。網址:http://talk.ltn.com.tw/article/paper/269267(2016/05/05 檢索)
- 徐世榮、賴宗裕、顏愛靜,〈活化農民所得,農村才能再生!〉,《自由時報自由評論網》,2009/01/12。網址:http://talk.ltn.com.tw/article/paper/272763(2016/05/05 檢索)
- 〈四個立場八個問題──我對於「農村再生條例草案」的詮釋及陳武雄主委的回應〉,發表於《土地關懷》部落格,2009/02/05。網址:http://goo.gl/DrO0iT(2016/05/06 檢索)
- 徐世榮、賴宗裕、顏愛靜,〈農村再生別再淪為空談〉,《中國時報》,2009/03/26/A14 版。
- 〈看守台灣──農再立法請光明磊落、並走大路!〉,《立報》,2009/04/05。網址:http://goo.gl/xafFn6(2016/05/05 檢索)
- 〈哪門子的農村再生灣寶是國寶〉,《自由時報自由評論網》,2009/05/22。網址:http://talk.ltn.com.tw/article/paper/305347(2016/05/05 檢索)
- 〈政府鴨霸,公民不服從!〉,《自由時報自由評論網》,2009/06/05。網址:http://talk.ltn.com.tw/article/paper/308828(2016/05/05 檢索)
- 〈土改小地主煎熬一甲子〉,《中國時報》2009/06/07/A15 版。
- 〈請保障人民的財產權〉,發表於立法院第 7 屆第 3 會期經濟委員會「產業創新條例草案」公聽會,2009/06/11。
- 〈召開全國土地問題會議〉,《自由時報自由評論網》,2009/08/07。網址:http://talk.ltn.com.tw/article/paper/325460(2016/05/08 檢索)
- 〈格達費的帳篷與國土規劃〉,《立報》,2009/10/05。網址:http://goo.gl/dPxv00(2016/05/08 檢索)
- 〈探求一個合理的環評架構〉,《中國時報》,2009/10/29/A18 版。
- 〈政府浮濫徵收民地〉,2009/11/13。《自由時報自由評論網》,網址:http://goo.gl/tm8A3G(2016/05/08 檢索)
- 〈與「台北菁英」談中科四期〉,《自由時報自由評論網》,2009/11/18。網址:http://goo.gl/bZZFzf(2016/05/08 檢索)

- 〈大排沙農場的悲歌輪迴〉,《蘋果日報》,2009/12/01/A17 版。
- 〈高房價的省思〉,《立報》,2009/12/22。網址:http://goo.gl/gupA2O(2016/05/08 檢索)
- 〈國土計畫法規劃分級應更明確〉,《玉山周報》30(2009/12),頁 26。
- 〈徵收土地政府胡亂擴權〉,《自由時報自由評論網》,2010/01/11。網址:http://goo.gl/8lVi9h(2016/05/08 檢索)
- 〈安身立命真奢侈〉,《自由時報》,2010/02/05/A15。
- 〈民主參與或專家傲慢?〉《自由時報》,2010/03/15/A15 版。
- 〈人民居無所,談什麼慶祝建國百年〉,《立報》,2010/03/18。網址:http://goo.gl/3R2awl(2016/05/08 檢索)
- 〈「圖利財團慘創台灣」記者會發言稿〉,《土地關懷》部落格,2010/04/05。網址:http://goo.gl/2lGtNj(2016/05/08 檢索)
- 〈終止浮濫的土地徵收〉,《中國時報》,2010/04/11/A14 版。
- 〈土地徵收公共利益誰衡量〉,《聯合報》2010/04/20/A17。
- 〈台灣土地徵收多世界民主國家奇聞——產創條例是過時立法政府應保障人民財產權〉,《全球中央雜誌》17(2010/05),頁 86-87。
- 〈土地徵收遠離正義了〉,《中國時報》,2010/06/29/A16 版。
- 〈違背土地正義的濫權徵收——土地淪為政府發展經濟的金雞母〉,《當代雜誌》242(2010/08),頁 102-105。
- 〈從竹東到後龍到竹南浮濫徵收憲政之恥〉,《自由時報》,2010/06/21/A15 版。
- 〈胡亂減稅與浮濫徵收〉,《立報》,2010/06/27。網址:http://goo.gl/RgVQ5b(2016/05/08 檢索)
- 〈浮濫土地徵收——社會重大危機〉,《小地方新聞網》,2010/06/17。網址:http://goo.gl/vdkW(2016/05/08 檢索)
- 〈停止大埔徵收,不要一錯再錯!〉,《小地方新聞網》,2010/07/15。網址:http://goo.gl/l08q6t(2016/05/08 檢索)
- 黃以敬,〈《星期人物》徐世榮:農村不需拉皮農地應種糧食〉,《自由時報》,2010/07/26/A7。
- 〈政府比強盜還不如〉,《自由時報》,2010/07/30/A19 版。
- 劉可強、徐世榮,〈智慧化解爭議〉,《蘋果日報》,2010/08/12/A22 版。
- 〈違背土地正義的濫權徵收——土地淪為政府發展經濟的金雞母〉,《當代雜誌》242 期(2010/08),頁 102-105。
- 〈揭開浮濫徵收之謎〉,《財訊》353(2010/08),頁 66-68。
- 〈何處尋金黃稻浪?〉,《立報》,2010/10/10。網址:http://goo.gl/2o4qjA(2016/05/08 檢索)
- 〈農舍政策修正硬起來!〉,《中國時報》,2010/11/07/A17 版。
- 〈由官僚專家治理到民主協力治理〉,《土地關懷》部落格,2010/11/17。網址:http://goo.gl/

jvRirh（2016/05/08 檢索）
- 〈喚醒土地之愛〉,《自由時報》,2010/11/19/A17。
- 〈陳鴻源、彭秀春、董仲舒〉,《立報》,2010/12/13。網址:http://goo.gl/gd39J3（2016/05/08 檢索）
- 〈胡亂徵地整慘百姓〉,《中國時報》,2011/02/11/A26。
- 〈官僚專制民主倒退〉,《自由時報》,2011/02/18　/A17 版。
- 〈3 月 7 日參加「四大建設發展條例」記者會發言內容〉,《土地關懷》部落格,2011/03/07。網址:http://goo.gl/vyVAzd（2016/05/08 檢索）
- 〈還社會弱勢者一個公道!（參與內政部區委會發言重點）〉,《土地關懷》部落格,2011/03/10。網址:http://goo.gl/DduwnG（2016/05/08 檢索）
- 〈區段徵收太不公平〉,《中國時報》,2011/04/01/ A20 版。
- 〈科學模擬或是價值選擇?〉,《立報》,2011/04/10。網址:http://goo.gl/vYeL9m（2016/05/08 檢索）
- 〈農民第二專長:抗爭!〉,《土地關懷》部落格,2011/04/14 網址:http://goo.gl/1a6oFs（2016/05/08 檢索）
- 〈民眾參與落實土地正義〉,《中國時報》,2011/04/21/A16 版。
- 〈看天田看官田〉,《自由時報》,2011/05/13/A21 版。
- 〈土徵修法,回歸憲政體制!〉,《中國時報》,2011/06/01。
- 〈我們真的解嚴了嗎?〉,2011/06/13。網址:http://goo.gl/tQxwAQ（2016/05/08 檢索）
- 〈人民何辜?在自己土地上流離失所!〉,《土地關懷》部落格,2011/06/24。網址:http://goo.gl/OqDDKW（2016/05/08 檢索）
- 〈在自己土地流離失所!〉,《自由時報》,2011/06/26/A19。
- 〈強盜政府遍地是黃金〉,《自由時報》,2011/07/22/A17 版。
- 〈土地徵收勿偏離正軌〉,《中國時報》,2011/09/01/A17 版。
- 〈回應吳阿琴女士〉,《自由時報》,2011/09/05/A15 版。
- 〈Change the Land Expropriation Act〉,《Taipei Times》,2011/09/06/P.8。
- 〈從監察院糾正文看農舍〉,《自由時報》,2011/10/19/A15。
- 〈農委會真惜農地乎?〉,《自由時報》,2011/10/28/A19 版。
- 〈Protecting farmland by caring for farmers〉,《Taipei Times》,2011/11/01/P.8。
- 〈今晚,農民重回凱道!〉,《自由時報》,2011/12/12/A15 版。
- 〈洪箱與楊儒門〉,《自由時報》,2011/12/19/A15 版。
- 〈追尋新時代的土地政策〉,《台灣學通訊》62（2012/02/10）,頁 2-3。
- 〈土地正義不容妥協〉,《台灣思想坦克》17.（2012/02/10）,頁 4。
- 〈暴力強拆台灣人權沉淪〉,《蘋果日報》,2012/03/29/A25。
- 〈土地正義不容妥協〉,《台灣思想钮克》17（2012/02）,頁 4。

- 〈Urban renewal system is flawed〉,《Taipei Times》,2012/04/04/P.8。
- 〈都市更新之實施,台北市政府具備相對自主性—請郝市長勇於承擔責任,出面公開道歉!〉,本文發表於立法院公聽會,《土地關懷》部落格,2012/04/06。網址:http://goo.gl/d6nVBe(2016/05/08 檢索)
- 〈拆了民宅再釋憲〉,《自由時報》,2012/04/07/A17 版。
- 〈文林苑熱點:何謂整個街廓?〉,《自由時報》,2012/04/10/A13 版。
- 〈請問:誰是「公共」?〉,《自由時報》,2012/04/13/A17 版。
- 〈Taiwanese property ownership in jeopardy〉,《Taipei Times》,2012/04/15/P.8。
- 〈Public not allowed to define their own interest〉,《Taipei Times》,2012/04/17/P.8。
- 〈中科四期政府要講道理〉,《蘋果日報》,2012/05/28/A17 版。
- 〈敬覆朱敬一主委〉,《自由時報》,2012/06/01/A17 版。
- 〈科學園區無限好?〉,《自由時報》,2012/06/22/A19 版。
- 〈Land grabs, tax breaks give hi-tech unfair boost〉,《Taipei Times》,2012/06/24/P.8。
- 〈大埔事件再起!〉,《自由時報》,2012/08/06/A13 版。
- 〈行政「命令」憲法〉,《自由時報》,2012/08/10/A17 版。
- 〈居住正義政府有責〉,《自由時報》,2012/08/23/A13 版。
- 〈停止惡質的區段徵收〉,《蘋果日報》,2012/08/31/A19 版。
- 〈Land expropriations are robbery〉,《Taipei Times》,2012/09/04/P.8。
- 〈讓每一條巷道都是自由巷、民主巷、及人權巷!〉,《土地關懷》部落格,2012/09/07。網址:http://goo.gl/RSrR5V(2016/05/08 檢索)
- 〈從苗栗大埔到士林文林苑——政府應恪遵憲法,保障基本人權〉,《綠主張》109(2012/10),頁 20-21。
- 〈政府應恪遵憲法,立即停止浮濫土地徵收!〉,發表於立法院「台南鐵路地下化爭議公聽會」,2012/10/16。《土地關懷》部落格,網址:http://goo.gl/ULBGra(2016/05/08 檢索)
- 〈大工程、大炒作、大迫遷〉,《自由時報》,2012/10/26/A21 版。
- 〈Speculating on land will drag nation downwards〉,《Taipei Times》,2012/10/29/P.8。
- 〈都更關鍵不在多數決〉,《蘋果日報》2012/11/27/A14 版。
- 〈尊重與包容戒嚴民主?〉,《自由時報》,2012/12/13/A15 版。
- 〈台灣人權走回頭路〉,《蘋果日報》,2012/12/15/A28 版。
- 〈以王建煊為恥〉,《自由時報》,2012/12/25/A15 版。
- 〈官兵變土匪〉,《自由時報》,2013/01/04/A21 版。
- 〈Cruel land seizures exploiting the public〉,《Taipei Times》,2013/01/06/P.8。
- 〈請立即終止臺南鐵路地下化東移土地徵收案〉,發表於臺南鐵路地下化工程技術論壇,2013/02/06。《土地關懷》部落格,網址:http://goo.gl/oBbvnw(2016/05/08 檢索)
- 〈請台南市政府用文明與正直來說服我們!〉,《土地關懷》,2013/03/14。部落格,網址:

http://goo.gl/kjcg4s（2016/05/08 檢索）

- 〈賴市長，人心撕裂，如何縫補？〉，《土地關懷》部落格，2013/03/15。網址：http://goo.
  gl/5DIQUp（2016/05/08 檢索）
- 〈為何抵制國家重大建設〉，《蘋果日報》2013/03/20/A17 版。
- 〈我在苦勞網支持自救會的貼文（1）〉，《土地關懷》部落格，2013/03/28。部落格，網址：
  http://goo.gl/Q7bvuM（2016/05/08 檢索）
- 〈我在苦勞網支持自救會的貼文（2）〉，《土地關懷》部落格，2013/03/28。http://goo.gl/
  U8Ly9X（2016/05/08 檢索）
- 〈我在苦勞網支持自救會的貼文（3）〉，《土地關懷》部落格，2013/03/28。網址：http://goo.
  gl/mGwSWC（2016/05/08 檢索）
- 〈我在苦勞網支持自救會的貼文（4）〉，《土地關懷》部落格，2013/03/31。網址：http://goo.
  gl/RrXWaj（2016/05/08 檢索）
- 〈我在 PNN「獨立特派員：說故事的人鐘聖雄」的留言〉，《土地關懷》部落格，2013/04/13。
  網址：http://goo.gl/oPy77Q（2016/05/08 檢索）
- 〈政策窄化土地的價值恐造成釘子戶悲哀〉，2013/04/17。網址：http://goo.gl/wh9WFT
  （2016/05/08 檢索）
- 〈別讓「徵收土地」淪為開發之手段〉，《土地關懷》部落格，2013/04/20。網址：http://goo.
  gl/CWxEcN（2016/05/08 檢索）
- 〈誤入歧途的區段徵收〉，《蘋果日報》2013/04/27/A22 版。
- 〈從花園城市、金權城市、到 XX 城市？〉，《PNN 公視新聞議題中心》，2013/05/06。網址：
  http://goo.gl/bEhJ8（2016/05/08 檢索）
- 〈第 100 號陳情印記〉，《土地關懷》部落格，2013/05/27。網址：http://goo.gl/wdkQJR
  （2016/05/08 檢索）
- 〈可怕的振興經濟方案〉，《蘋果日報》2013/06/01/A22 版。
- 〈Stimulus just more land grabbing〉，《Taipei Times》，2013/06/08/P.8。
- 〈土地徵收應全面停止〉，《自由時報》，2014/06/09。
- 〈都市計畫與正當行政程序——請台南市政府把人當人看！〉，《土地關懷》部落格，
  2014/06/20。網址：http://goo.gl/sQrFwx（2016/05/08 檢索）
- 〈威權體制讓劉政鴻為所欲為〉，《蘋果日報》，2013/07/08/A17 版。
- 〈公共利益豈能由少數人決定〉，《蘋果日報》，2013/07/16/A20 版。
- 〈你們憑什麼決定我們的生死？〉，《土地關懷》部落格，2013/07/17。網址：http://goo.gl/
  RnDfiQ（2016/05/08 檢索）
- 〈依法行政還是依法暴政〉，《蘋果日報》，2013/07/25/A22 版。
- 〈拆除舊體制讓人民贏〉，《蘋果日報》，2013/08/16/A24 版。
- 鄒景雯，〈《星期專訪》徐世榮：士徵程序不正義即無實質正義〉，《自由時報》，2013/09/02/

A05 版。

- 〈政府殺人、制度殺人〉,《自由時報》,2013/09/23/A14 版。
- 〈Land rights can come from death〉,《Taipei Times》,2013/09/26/P.8。
- 〈掛著羊頭的全國區域計畫〉,《土地關懷》部落格,2014/09/25,網址:http://goo.gl/S5ymdG(2016/05/08 檢索)
- 〈台南市府玩弄兩面手法〉,《蘋果日報》,2013/10/01/A18 版。
- 〈桃園航空城,都市計畫大危機!〉,《土地關懷》部落格,2013/12/30,網址:http://goo.gl/wNF7py(2016/05/08 檢索)
- 〈斷裂歷史下的普安堂〉,《土地關懷》部落格,2013/12//22。網址:http://goo.gl/Q42d24(2016/05/08 檢索)
- 〈一個被忽略的死刑!──給都市計畫及地政界的朋友〉,《YAHOO 奇摩地產專欄》,2013/10/21。《土地關懷》部落格,網址:http://goo.gl/oRlLGm(2016/05/08 檢索)
- 〈立即廢除區段徵收〉,《蘋果日報》2014/01/06/A16 版。
- 〈聽證會取代委員會〉,《自由時報》,2014/01/10/A17 版。
- 〈Dismantling committees in favor of public talks〉,《Taipei Times》,2014/01/16/P.8。
- 〈Consult the public prior to any more land grabs〉,《土地關懷》部落格,2014/06/13。網址:http://goo.gl/ubj1Mr(2016/05/08 檢索)
- 〈前營建署長收賄有多嚴重〉,《蘋果日報》2014/06/04/A16 版。
- 〈土地徵收應全面停止〉,《自由時報》,2014/06/09/A19 版。
- 〈Flawed system a breeding ground〉,《Taipei Times》,2014/06/11/P.8。
- 〈Consult the public prior to any more land grabs〉,《Taipei Times》,2014/06/13/P.8。
- 〈國發會新瓶裝舊酒〉,《蘋果日報》,2014/06/30/A13 版。
- 〈Scandal highlights skewed focus〉,《Taipei Times》,2014/07/19/P.8。
- 〈在「麥當勞」與「摩斯漢堡」之間〉,《公民行動影音紀錄資料庫》,2014/09/09。網址:http://www.civilmedia.tw/archives/21779(2016/05/09 檢索)
- 〈地景藝術節其實是「地景及人權告別式」!〉,《土地關懷》部落格,2014/09/12。網址:http://goo.gl/iBd621(2016/05/08 檢索)
- 〈收到 Rose Bridger 來函〉,《土地關懷》部落格,2014/09/14。網址:http://goo.gl/cKNmHv(2016/05/08 檢索)
- 〈懷念張森文大哥!〉,《土地關懷》部落格,2014/09/17。網址:http://goo.gl/AQdNRb(2016/05/08 檢索)
- 〈參與「研商土地徵收條例修法重點座談會」發言稿〉,《土地關懷》部落格,2014/10/16。網址:http://goo.gl/lKYwuZ(2016/05/08 檢索)
- 〈內政部屠宰場〉《土地關懷》部落格,2014/10/19。網址:http://goo.gl/PyRRnG(2016/05/08 檢索)

- 〈浮濫的都市計畫！及什麼是都市計畫「專業」？〉,《土地關懷》部落格,2014/10/25。網址: http://goo.gl/B2gUjx（2016/05/08 檢索）
- 〈Land rights ignored in the hunt for quick profit〉,《Taipei Times》,2014/07/17/P.8。
- 〈兇殘禿鷹,難民哀嚎〉,《自由時報》,2015/07/13/A15 版。
- 〈台灣專制保守的都市計畫〉,《蘋果日報》,2015/8/19/A16 版。
- 〈土地政策總體檢〉,《自由時報自由評論網》,2015/11/16,網址: http://goo.gl/5neBVR （2016/05/08 檢索）
- 〈Confronting the nation's land policy conundrum〉,《Taipei Times》,2015/11/19/P.8。
- 〈台灣要好就要一起好〉,《蘋果日報》,2015/11/27/A18 版。
- 〈Environmental justice applies to all〉,《Taipei Times》,2015/12/05/P.8。
- 〈讓人難過的討論對話〉,原文發表於徐世榮臉書,2015/12/07。《土地關懷》部落格,網址: http://goo.gl/IesRco（2016/05/08 檢索）
- 〈懷念一位好朋友──朱炳坤先生〉原文發表於徐世榮臉書,2015/12/08。《土地關懷》部落格, 網址: http://goo.gl/kZB0mY（2016/05/08 檢索）
- 〈土地徵收沒有選舉假期(I)〉,原文發表於徐世榮臉書,2016/01/10。《土地關懷》部落格, 網址: http://goo.gl/GV519u（2016/05/08 檢索）
- 〈土地徵收沒有選舉假期(II)〉,原文發表於徐世榮臉書,2016/01/13。《土地關懷》部落格, 網址: http://goo.gl/DX04Vc（2016/05/08 檢索）
- 〈為什麼營建署前會有那麼多的抗爭？〉,原文發表於徐世榮臉書,2016/01/287。《土地關懷》 部落格,網址: http://goo.gl/kxrkDN（2016/05/08 檢索）
- 〈台灣真的脫離戒嚴威權統治年代了嗎？〉,原文發表於徐世榮臉書,2016/01/28。《土地關 懷》部落格,網址: http://goo.gl/kzQeD0（2016/05/08 檢索）
- 〈嚴重失格的施鴻志委員！〉,原文發表於徐世榮臉書,2016/02/01。《土地關懷》部落格,網 址: http://goo.gl/LvNJa3（2016/05/08 檢索）
- 〈「南鐵東移」為什麼會做不到呢？〉,原文發表於徐世榮臉書,2016/02/01。《土地關懷》部 落格,網址: http://goo.gl/m1kRN1（2016/05/08 檢索）
- 〈既然要「開放政府」,那就請一視同仁！〉,原文發表於徐世榮臉書,2016/02/03。《土地關 懷》部落格,網址: http://goo.gl/zJjzDN（2016/05/08 檢索）
- 〈我們有法定容積率嗎？我們又有容積率管制嗎？〉,原文發表於徐世榮臉書,2016/02/14。 《土地關懷》部落格,網址: http://goo.gl/voSUgV（2016/05/08 檢索）
- 〈今日《蘋論》相當的偏頗！〉,原文發表於徐世榮臉書,2016/02/15。《土地關懷》部落格, 網址: http://goo.gl/pHoxft（2016/05/08 檢索）
- 〈社子島開發,怎可不先檢討區段徵收制度呢？〉,原文發表於徐世榮臉書,2016/02/28。《土 地關懷》部落格,網址: http://goo.gl/VBsjtp（2016/05/09 檢索）
- 〈社子島 I-Voting 怎麼會有「不開發」選項？怎麼不是「其他」選項？〉,原文發表於徐世榮臉

書，2016/02/29。《土地關懷》部落格，網址：http://goo.gl/63QNp1（2016/05/09 檢索）

– 〈柯 P 也難敵區段徵收的魔戒！〉，原文發表於徐世榮臉書，2016/02/29。《土地關懷》部落格，
網址：http://goo.gl/1dGNNQ（2016/05/09 檢索）

– 〈土地徵收是基本人權的課題，絕非是金錢補償的課題！〉，原文發表於徐世榮臉書，
2016/03/02。《土地關懷》部落格，網址：http://goo.gl/63QNp1（2016/05/09 檢索）

– 〈誘人的威權魔戒談柯 P 與民進黨的一些轉變〉，《自由時報》，2016/03/07/A15 版。

– 〈期待台灣都市計畫學界〉，原文發表於徐世榮臉書，2016/03/16。《土地關懷》部落格，網址：
http://goo.gl/oKxHaj（2016/05/09 檢索）

– 〈謝教授言論，讓人匪夷所思！〉，原文發表於徐世榮臉書，2016/03/28。《土地關懷》部落格，
網址：http://goo.gl/mdhB9a（2016/05/08 檢索）

– 〈盼把家園還給苦難的人民——法庭觀審筆記〉，原文發表於徐世榮臉書，2016/03/30。《土
地關懷》部落格，網址：http://goo.gl/fyrE9m（2016/05/08 檢索）

– 〈苗栗大埔「回復原狀」的虛與實〉，原文發表於徐世榮臉書，2016/03/31。《土地關懷》部落
格，網址：http://goo.gl/baVqG2（2016/05/09 檢索）

– 〈游錫堃的欣慰與愧疚〉，原文發表於徐世榮臉書，2016/04/23。《土地關懷》部落格，網址：
http://goo.gl/enWwln（2016/05/09 檢索）

– 〈公共利益如何決定？——該是翻轉「委員會決策機制」的時候了〉，《土地關懷》部落格，
2016/04/29，網址：http://goo.gl/z6lG9j（2016/05/09 檢索）

– 〈給新政府的建言〉，《自由時報自由評論網》2016/6/13。網址：http://talk.ltn.com.tw/
article/paper/999949（2016/09/10 檢索）

– 〈徵收是最後迫不得已手段〉，《蘋果日報》2016/07/13，網址：http://goo.gl/8NWgho
（2016/09/10 檢索）

– 〈謊言計畫共和國〉，《自由時報自由評論網》2016/7/18。網址：http://talk.ltn.com.tw/
article/paper/1012131（2016/09/10 檢索）

– 〈被囚禁的社子島並非個案〉，《蘋果日報》2016/07/31，網址：goo.gl/Z7Oqrq（2016/09/10
檢索）

– 〈為什麼要舉辦聽證會？〉，《公民行動影音紀錄資料庫》，2016/08/12。網址：http://www.
civilmedia.tw/archives/52078（2016/09/10 檢索）

– 〈敬告林全：盼請務實解決土地徵收及強制迫遷問題〉，《公民行動影音紀錄資料庫》，
2016/08/22。網址：http://www.civilmedia.tw/archives/52508（2016/09/10 檢索）

– 〈誰才是「正確」及「理性」呢〉，《蘋果日報》2016/09/07，網址：http://goo.gl/seiEQJ（
2016/09/10 檢索）

遠足新書 2

土地正義

從土地改革到土地徵收，一段被掩蓋、一再上演的歷史

作者｜徐世榮
整理｜張雅綿
協助策劃｜政治大學第三部門研究中心
責任編輯｜龍傑娣、林文珮
校對｜張興民
美術設計｜李岱螢
內文排版｜潘思翰
出版｜遠足文化事業股份有限公司第二編輯部
社長｜郭重興
總編輯｜龍傑娣
發行人｜曾大福
發行｜遠足文化事業股份有限公司
電話｜02-22181417
傳真｜02-86671851
客服專線｜0800-221-029
E-Mail｜service@sinobooks.com.tw
官方網站｜http://www.bookrep.com.tw
法律顧問｜華洋國際專利商標事務所 蘇文生律師

印刷｜凱林彩印股份有限公司
初版｜2016 年 9 月
二版 3 刷｜2023 年 6 月
ISBN｜978-986-93512-9-4（平裝）
定價｜350 元
版權所有・翻印必究

讀者回函

遠足臉書

國家圖書館出版品預行編目 (CIP) 資料

土地正義：從土地改革到土地徵收，一段被掩蓋、一再上演的歷史 / 徐世榮作 .
-- 初版 . -- 新北市：遠足文化，2016.09
　面；　公分 . --（遠足新書；2）
ISBN 978-986-93512-9-4(平裝)

1. 土地政策 2. 土地改革 3. 社會正義 4. 臺灣

554.2933　　　　　　　　　　　　　　　　　　　105016246